19歳までに手に入れる 7つの武器

7 Weapons to get by the age of 19.

～はじめに～

生きづらさは解消できる

将来が不安だ

友達がいない、寂しい

クラスメイトに嫌われたらどうしよう

自分は頭が悪い。学校の成績が悪い

学校が楽しくない。学校に行きたくない

毎日がつまらない

どうしていいか、わからない

「生きづらさ」を感じている人はいませんか？

私が実施したYouTubeでの調査（回答数1・9万人）によると、生きづらさを感じている人の割合は87%です！　今の時代、ほとんどの人が、「生きづらさ」を感じています。あなただけではありません。

アフター・コロナ。働き方の激変。少子高齢化。円安や物価高など日本経済への不安。次々と起きる国際紛争や戦争。地球温暖化と環境破壊。世界的人口爆発と食糧不足……不安と心配ばかりの未来を、どうやって生きていくのか。

今の不安を何とかしたい。泥沼から脱出したい。何か行動の指標がほしい。

そう思っている人は多いはず。もしあなたが「生きづらさ」や「将来への不安」を抱えているのなら、どうか本書を最後まで読んでほしいのです。

あなたの「つらい」「苦しい」を解消する、もしくは、少しでも軽くする方法があります！

精神科医30年の経験から言えること

はじめまして。私は精神科医の樺沢紫苑《かばさわしおん》と申します。現在58歳。

精神科医を30年以上続け、作家として出版した書籍は、本書でちょうど50冊。

ユーチューバーとしての情報発信を２０１４年から始め、毎日更新を10年以上続け、公開している動画は7000本を超えました。YouTubeライブも週1回の頻度で行っています。

私のYouTube「樺チャンネル」の登録者数は50万人を超え、毎日30件以上の質問や悩み相談が寄せられます。1ヶ月で1000件、1年で1万2000件、10年間で12万件以上の質問が届いています。

これらの相談、悩みと毎日真剣に向き合ううちに、世の中の人たちが、今どんなことで悩み、苦しんでいるのかが見えてきました。

十代、二十代の若い人たちからの質問も多く、最近では特に、「十代の若者の生きづらさ」が、非常に強まっていることを実感します。

コロナ禍の「失われた3年間」を取り戻せ！

いま十代のあなたは、コロナ禍の「失われた3年間」を経験しました。

コロナ前と比べて、メンタル疾患の受診者数、メンタルダウンしての休職、離職者数は激増しています。メンタルクリニックの新規の受付は、3ヶ月以上待たされることもあるようです。

医療機関を対象とした調査では、「死にたい」と訴えて病院で受診する20歳未満の数はコロナ以降で1・6倍に増加。不登校児は29・9万人と過去最多を記録しました（文部科学省2023年公表）。

この令和の時代が、圧倒的に「生きづらい時代」であることは間違いなさそうです。子供も、十代も、大人も、老人も、強烈な「生きづらさ」を抱えているのです。

「なんと不幸な時代に生まれてしまったのか」

あなたはそう悲観するかもしれません。しかし、それをバネにして飛躍することだって可能です。

子供の頃の非常につらい、苦しい体験を「逆境体験」といいます。

精神医学の分野では、逆境体験をした子供が将来どうなるのかという研究がありますが、大きく二つのパターンに分かれます。

パターンA：逆境体験がトラウマ（心の傷）となり、つらい人生を送る人

パターンB：逆境体験を、「ここから脱出してやる！」という強烈なモチベーション（動機）にして成功を手にする人

同じようにつらい、苦しい体験をしながらも、その後の行動や考え方によって、人生に大きな差が生まれてしまうのです。

あなたは、どちらの人生を送りたいですか？

「生き方」に正解があった！

人生をどう生きるか、その方法は——？

学校では「生き方」を教えてはくれません。しかし、十代のあなたに本当に必要なのは、英単語や歴史の年号よりも、「生き方」のはずです。

「友達を作る方法」や「友達と仲良くする方法」「毎日を楽しく生きる方法」など、**学校では絶対に教えてくれない「生き方の正解」を見つけてほしい**と思い、この本を書くことにしました。

若いうちはしっかり勉強しろ！　なんてことは、言いませんのでご安心ください。

本書では、19歳までに絶対に知っておいてほしいこと、行動してほしいことを7つにまとめました。この本の内容を知ることで、「人生の方向性」が見えてくる。そして本書の内容を行動にうつすことで、人生がものすごく楽になる。そして楽しくなる。

「生き方の教科書」の決定版として活用してほしいのです。

もちろん30歳でも60歳でも、何歳の方が本書を読んでも、十分に効果を得ることはできます。しかし、19歳までに読むことで、その効果は10倍、いや１００倍にもなると確信しています。

なぜならば、脳の成長は二十代前半までに、ある程度の完成形を迎えるからです。歳《とし》をとっても脳は成長していきますが、十代の脳の成長速度は、三十代、四十代と比べて10倍以上と考えていいでしょう。新幹線と各駅停車くらいの違いです。

それならば、新幹線に乗っているうちに、できるだけ「夢」や「目標」に近づいておいたほうが、あとが楽でいいと思いませんか？

人生はRPGだ！　成功法則「整え、つながり、行動する」

生き方に正解などあるのか――？　まだ半信半疑の人も多いでしょう。ですから、いきなり結論からお伝えします。

人生の成功法則、すなわち「生き方の正解」とは、たった12文字です。

「整え、つながり、行動する」

たったこれだけの３ステップ。わかりやすいように、ＲＰＧ（ロール・プレイング・ゲーム）風に言い換えてみましょう。

「装備を整え、仲間を集め、冒険に出る！」

「ドラゴンクエスト」や「ファイナルファンタジー」などのＲＰＧをプレイしたことのある人は、「何を当たり前のことを」と思ったでしょう。

ＲＰＧのスタートは、旅立ちの村の武器屋で、鉄の剣《つるぎ》と鎧《よろい》、盾など、最低限の「装備を整える」ことから始まります。

次に、酒場に行って「仲間を集める」。あなたが戦士なら、回復魔法が使える僧侶や、攻撃魔法が使える魔法使いは、仲間に不可欠です。酒場では同時に、情報も集めますね。ダンジョン（迷宮）の攻略に役立つような、次の行動につながる情報はとても大事です。

装備を整え、仲間を集めたら、いよいよ村の外に出ます。最初は弱いモンスターと戦い、経験値とゴールドを稼ぐ。レベルアップを繰り返し、協力できる仲間を増やし、装備も強化できたら、ダンジョンにチャレンジします。そして、迷宮の奥に潜む中《ちゅう》ボスと戦います。

人生の成功法則
「整え、つながり、行動する」

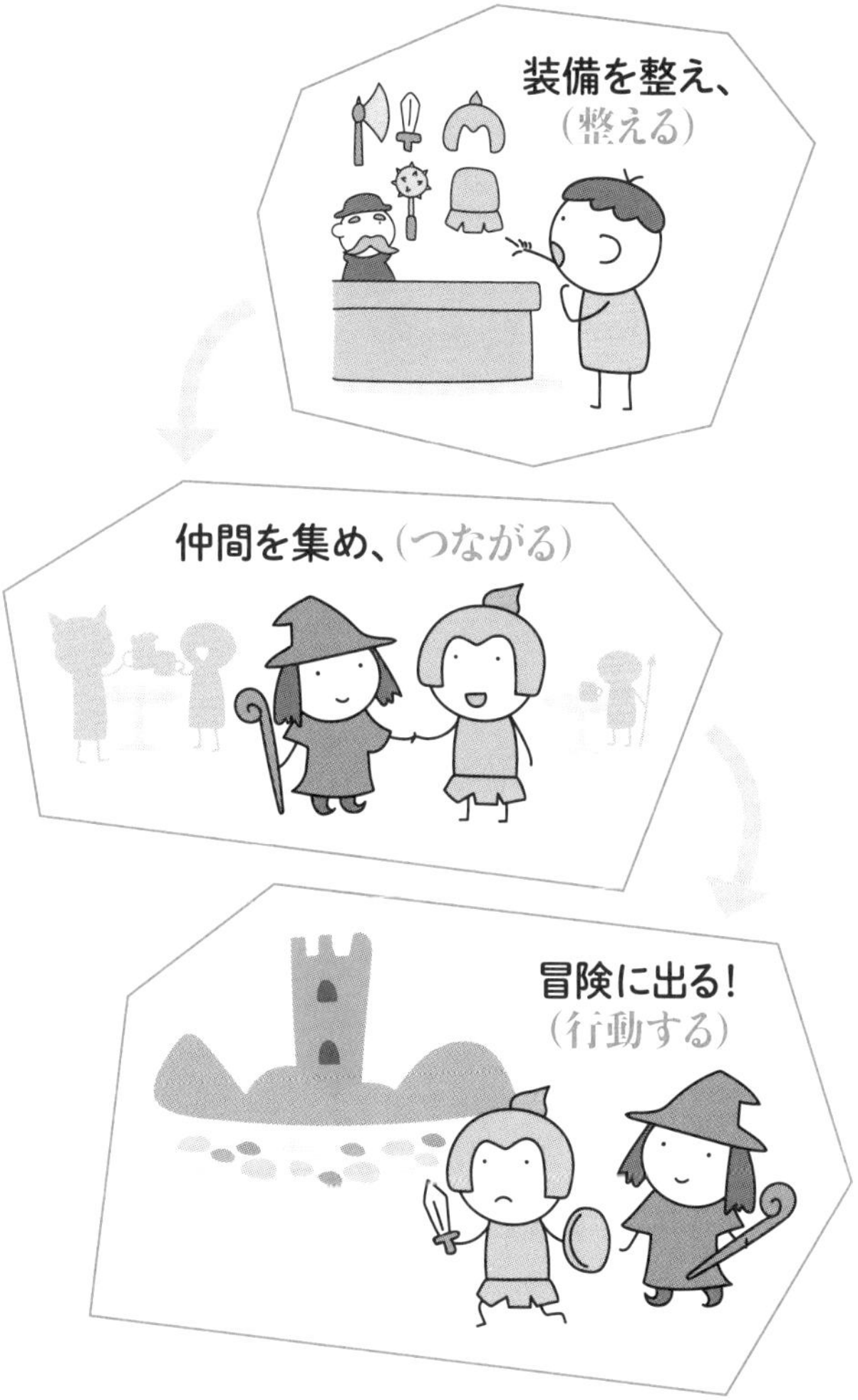
装備を整え、
（整える）
仲間を集め、（つながる）
冒険に出る！
（行動する）

さらに船や飛行船に乗って、外の広い世界を旅して、また新しい敵やもっと手強いモンスターと戦う。そしてレベルアップ……それを何度も繰り返し、「ラスボス（最後のボス）」に戦いを挑むのです。

ときに悩んだり失敗したりの試行錯誤はありますが、仲間とともにレベルアップし、目標をクリアしていくのは、刺激もあって楽しい。私もずいぶん夢中になりました。

ところで、**実はあなたの学校生活も、そして、その先の社会人としての生活も、このRPGのようなものです。だから、「装備を整え、仲間を集め、冒険に出る！」の3ステップを踏めばいいのです。**

しかし、なぜか現実世界においては、武器や防具を持たず、たった一人で情報も得ずに、危険なダンジョンに潜り込む人が多い。

何という無謀でしょう。十代の8～9割の人は、基本的な取扱説明書《トリセツ》を無視して、装備も仲間も情報もなしで、ダンジョンと化した学校で生活を送っています。

当然、うまくいくはずがない。前に進めない。どうしたらいいかわからないまま、一方的にズタボロにされるだけ。楽しいはずがないのです。

「生き方」のルールは変更された！

繰り返しますが、人生の成功法則は「整え、つながり、行動する」。

たったこれだけです。

しかし、世の中のほとんどの人は、真逆のことばかりしています。

- 睡眠不足や運動不足、スマホのやりすぎで整っていない
- コミュニケーション不足で、人とのつながりがない。相談しない
- 新しい挑戦はおろか、失敗をおそれて行動しない

どうでしょう？　言われてみれば、ぜんぶ当てはまる人も多いのではないですか。

「整え、つながり、行動する」。言葉で言うのは簡単ですが、具体的には何をすればいいのでしょう？　何を整え、誰とつながり、どんな行動をするのか。

最近では、ChatGPT などのＡＩ（人工知能）の進化が著しく、今後の5年、10年

で、私たちの生活や働き方が、劇的に変化することは間違いありません。**「テクノロジーの進化」と「コロナ禍」のダブルパンチによって、この世界は大変革の過渡期にあるのです。**

若者向けの生き方の指南書は、書店に行けば、何冊か出ています。しかし、「生き方」「働き方」のルールが変更された今、コロナ前に書かれた本は、もはや時代遅れで使い物になりません。

本書は「アフター・コロナ」と「AI時代」に完全に対応した最新版にして決定版です。

今から、**「整え、つながり、行動する」の3ステップを解説し、さらに、「生き方の正解」を導くのに不可欠な「7つの武器」を授けます。**

10年後、あなたが前向きに、楽しく仕事をして、人間関係やプライベートも充実した生活を送るために、本書は必ず役に立ちます。

さあ。それでは、冒険に出る準備を始めましょう。

19歳までに手に入れる7つの武器

Step1 整える
装備を整え、

- 心と体を整える
- 思考を整える

第1の武器 整える力

剣
基本装備

第2の武器 レジリエンス

細身のソード
すばやさ

第3の武器 コントロール力

弓
狙いを定める

Step2 つながる
仲間を集め、

- 人とつながる
- 情報とつながる

第4の武器 つながる力

指輪
つながり

第5の武器 読解力

魔道書
読む

Step3 行動する
冒険に出る！

- 楽しいを見つける
- 新しい自分になる

第6の武器 好奇心

ワンド
宝を発見する

第7の武器 アウトプット力

槍
強力な武器

Step1 整える

第1の武器…整える力

contents

第2の武器……レジリエンス

第3の武器… コントロール力

Step2 ― つながる

第4の武器…つながる力

第5の武器…読解力

Step3 行動する

第６の武器……好奇心

第7の武器…アウトプット力

無限の可能性　〜やりたいことを仕事にできるか

整える

Step1

第1の武器｜整える力

第2の武器｜レジリエンス

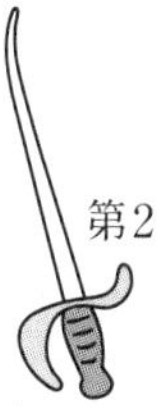

第3の武器｜コントロール力

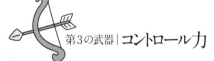

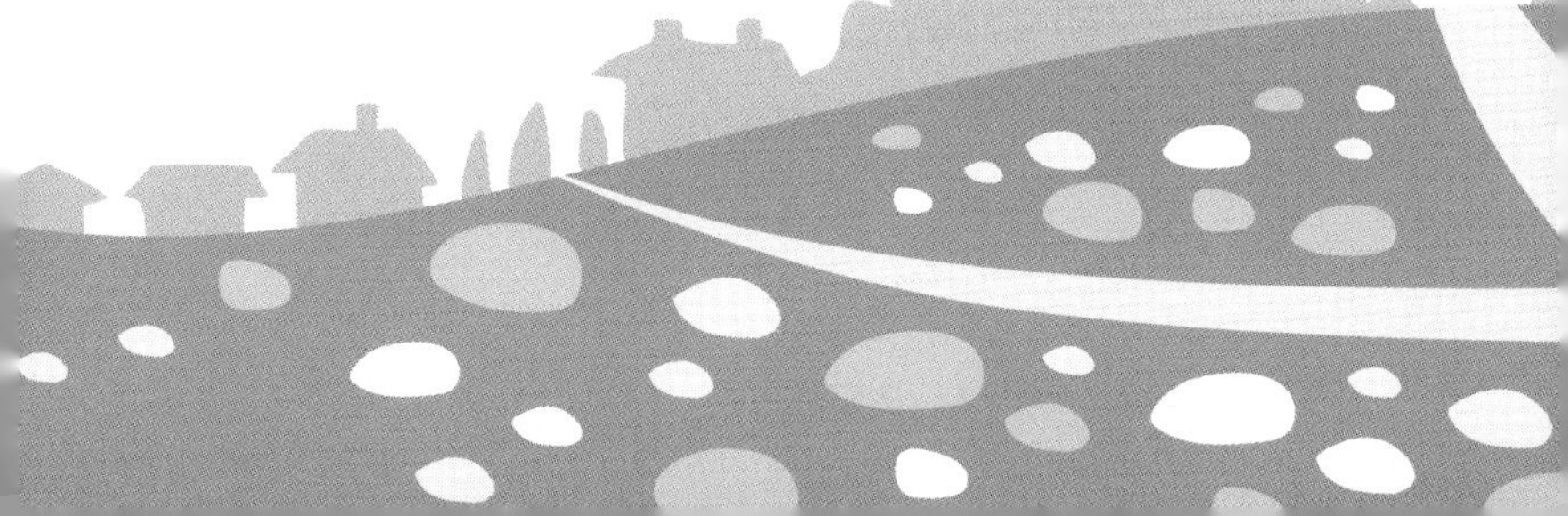

— 心と身体を整える —

・・・第1の武器・・・

整える力

剣 基本装備

あなたの悩みの根本原因は「お疲れ」

あなたは確実に疲れている

あなたに第1の武器を授けます。それは「整える力」です。

あなたが抱えている「悩み」や「苦しみ」「生きづらさ」を解消する。そのために絶対に必要な最初のステップが「整える」です。

そして、そのときに必要な武器が「整える力」。絶対に必要な基本装備「剣《つるぎ》」のイメージです。

はじめに、いくつか質問をします。当てはまるものにチェック☑してください。

□平均睡眠時間は7時間以下である
□遊びや勉強のために、睡眠時間を削ることがある
□スマホやゲームなどを、夜遅くまでやってしまう
□一日のスマホやゲームの利用時間が4時間を超えている

□朝起きるのがつらい。朝もっと寝ていたい
□休日の朝は10時すぎまで寝てしまう
□2時間以上座り続けることが、ほぼ毎日ある
□汗を流すような運動を定期的にしていない
□朝食は食べないことが多い
□ダイエットをしている。または、していた

以上10問のうち、3つ以上チェックが入った人は、すでに心も身体もガタガタ。5つ以上ならボロボロです。睡眠不足、運動不足、栄養不足などが原因です。

朝起きたときに、「頭がボーッとする」「疲れがとれない」「もっと寝ていたい」「学校に行きたくない」、そんな感覚がありませんか?

それは心も身体もお疲れの状態で、まるで整っていないからです。

「整っている」とは、以下の4項目が、すべてそろっている状態のことをいいます。

8時間以上の睡眠

- 夜更かしをしない
- 1週間に計2時間以上の汗を流すような運動
- バランスのよい食事

整っていれば自然と、朝はスッキリと目が覚めて、「今日も一日頑張るぞ!」と気力、体力ともに充実してきます。

整っている人は、たったの15%

樺沢のYouTube調査（回答数2・1万人）によると、「あなたの心と身体は整っていますか?」という質問に対して「整っている」と答えた人は、たったの15%でした!実に85%もの人が、疲れや不調を実感し、「整っていない」と答えたのです。

このデータは、実は今が絶好のチャンスであることを示しています。

あなたが心と身体を整えるだけで、日本人の上位15%に入ることができるのです!

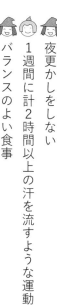

あなたの心と身体は整っていますか？

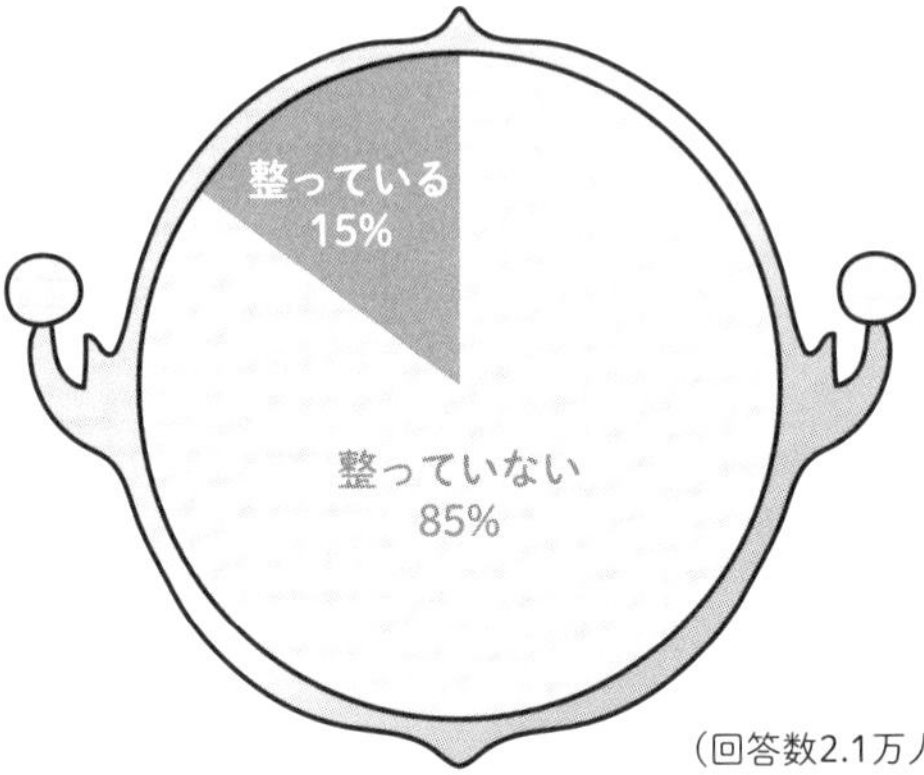

（回答数2.1万人）

あなたは整っていなくても、「自分は十代だから病気にはならない」「若いうちは多少無理をしても大丈夫」と思うかもしれません。しかし、**整っていない心と身体は、さまざまな「悩み」や「生きづらさ」の根本原因となります。**

一例として、整っていない状態では、脳のパフォーマンスが低下します。

集中力が下がるので、勉強をする気がしない、やる気が出ない。すぐに飽きてしまう。勉強をしても成績が低迷する。頑張っているのに良い結果が出ない。すべてが嫌になってくる。自己否定。学校に行きたくない……こんな負の連鎖《スパイラル》が起きるのです。

一度起きた負の連鎖は、感情のコント

ロールにも影響します。

イライラする。怒りっぽくなる。クヨクヨする。すぐに落ち込む。不安になりやすい。心配事ばかりを考える……。心に余裕がなくなって、しだいに友人や親ともうまくいかなくなる。親の言うことにムカッとして、怒鳴り返してしまう。友達と会う機会が減り、孤独になる。結果として、さらに不安や心配を強めてしまう。

どうでしょう、心当たりはありませんか？

「心の余裕」がストレスを解消する

私は普段から、十代の不登校や発達障害の相談も多く受けますが、ほとんどの患者さんが深夜まで起きていて、スマホやゲームをしています。

若いとはいえ、慢性的な睡眠不足で「お疲れ」です。

「スマホは22時以降使いません。毎日23時に寝て、朝7時に起きます。8時間睡眠し、規則正しい生活をしています。それなのに、学校に行けません」

そんな患者さんは、私の経験では一人も見たことがありません。

もちろん不登校には、「友達がいない」「いじめ」「学力不振」「学校に意味を見出《みいだ》せない」などの心理的要因もあるでしょう。しかし、いちばんの原因は、夜更かしや睡眠不足による「お疲れ」によって、日々のストレスを解消することができない。むしろ適応力は下がり、ストレスを何倍にも増幅しているのです。

心と身体が整っていれば、学校で嫌なことが多少あっても、スルーできる、やりすごすことができる。「心の余裕」があるので、たいして気にしないで受け流すことができるのです。

この「心の余裕」とは、RPGでいうところの基本装備「盾」と同じです。強いモンスター（ストレス）に出くわしても、攻撃のダメージを半減させる盾があれば、余裕をもってかわしたり、防御したりすることができます。

しかし、盾を持たずに、モンスターと戦ったらどうなるか？　攻撃をモロに受け、100％のダメージをくらったとしたら……あっという間に追い詰められ、絶体絶命のピンチに陥るのは必然です。

心と身体を整えて「お疲れ」を解消すれば、心の余裕が生まれ、ほとんどの悩みも解消できる。そう言われても、すぐに納得できない人もいますね。「自分は疲れてなどいない！　自分のメンタルは正常だ」と。

しかし、あなたの一日を考えてみましょう。

毎朝早く起きて、学校に行かなければいけない。宿題や課題、テスト勉強もしなきゃいけない。仲間はずれにされないように、クラスメイトの顔色をうかがわなくてはいけない。ＳＮＳのメッセージ、チャットにすぐに返信しないと、「既読無視」と言われるプレッシャー。部活の先輩・後輩との複雑な人間関係。放課後の塾や習いごと。家に帰れば親と口喧嘩。

お疲れモードになるのは当然です。疲れるのが普通なのです。

「整っている！」「気力体力ともに充実している！」「毎日が楽しい！」と、最高のパフォーマンスを発揮できている人など、ほとんどいません。

8割の人が整っていない「お疲れ」状態！

アメリカのＣＤＣ（疾病予防管理センター）は、「アメリカの３歳から17歳までの子供の13～20％程度が精神疾患を経験している」と報告しています。つまり、子供の約５人に１人が精神疾患になっている。

さらに、コロナ禍となった２０２０年には、その患者数は、20～30％増えたと報告

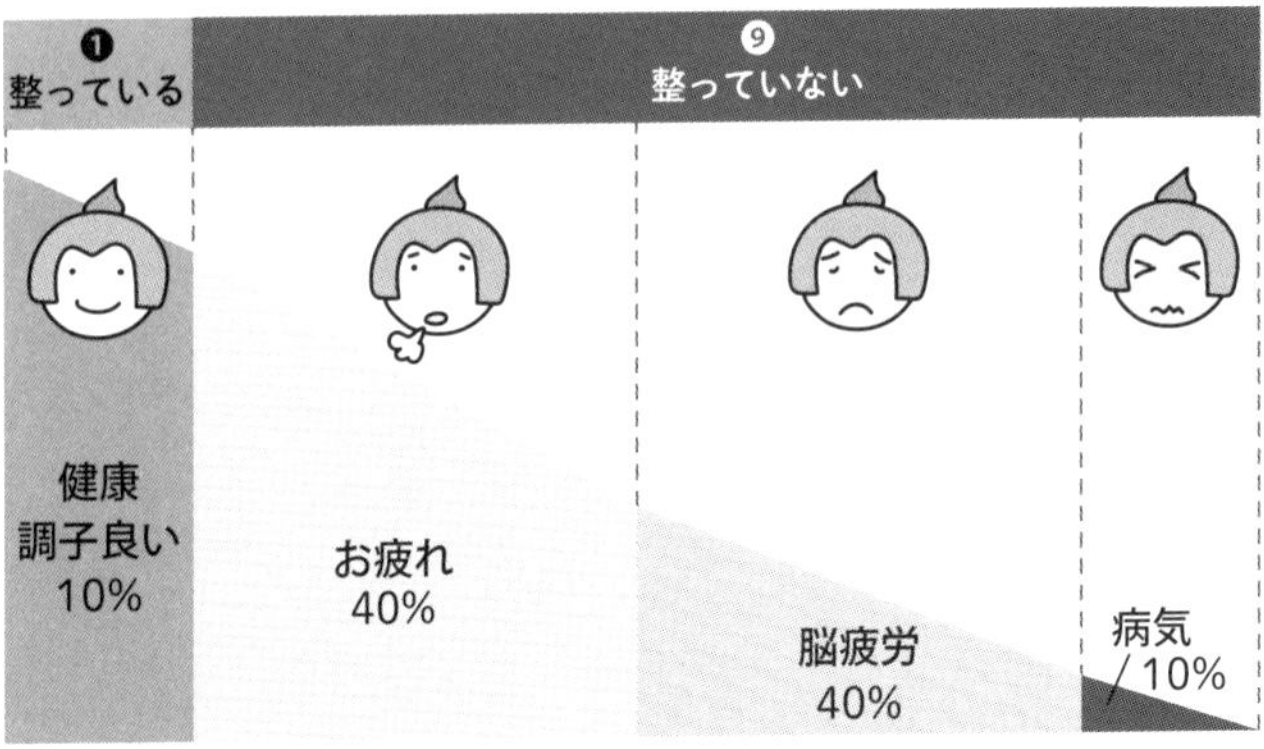

・病気の水準、もしくは過去に通院していた人、それに近い人……10%
・かなりお疲れで「脳疲労」。メンタル疾患や各種内科疾患の予備軍……40%
・ややお疲れの人……40%
・整っている人（健康・調子が良い）……10%

されています。

日本での大規模な患者調査は少ないですが、発達障害を含めると、メンタル疾患を患っている人、もしくは受診してもおかしくない人の割合は、10%以上になると推測されます。

私はこれまで、YouTubeで2万人規模のアンケート調査を数十回行って、日本人の疲労度を調査してきました。

「あなたは脳疲労ですか?」の質問に「脳疲労なし。非常に調子が良い」と答えたのは、たったの8%（回答数1・8万人）でした。

その結果をまとめたのが上の図です。

整っている人は1割、整っていない人が9割となります。

世の中の9割のみなさんが「お疲れ」なのです。十代であろうと、きっとあなたもお疲れなのでは？

「言われてみれば、ストレスもたまっているし、疲れているかも……」

それが「普通」であり、「スタンダード」であり、「マジョリティ（大多数）」なのです。

整えるだけで「悩み」は9割解消できる！

学校に行きたくありません。どうしたらいいですか？

こんな悩みに答えることは非常に難しく思えますが、本書の対処法は明快です。

「整え、つながり、行動する」

クラスのわずらわしい人間関係だとか、あなたが学校に行きたくない理由は一旦放っておきましょう。と言うと怒られるかもしれませんが、それを解消するには少々時間が必要です。

だから、まずやるべきは「整える」こと。すなわち睡眠、運動、食事の改善です。スマホを手放し長時間使用をやめる。22時以降はスマホ、ゲームをしない。23時に寝て、7時に起きる。質の良い睡眠を8時間とる。適度に運動する。朝食も含め、バランスの良い食事をとる。

試してみてください。たったそれだけで、体調と気分が驚くほど良くなります。不思議と「学校に行きたくない」気持ちも減ってきます。少しずつやる気が出てきます。「勉強が手につかない」「やる気が出ない」「人間関係がつらい」「学校が楽しくない」「生きづらさを感じている」「死にたい」。**十代が抱える数多くの問題が、どういうわけか、「整える」だけで9割解消できる**のです。

実際に私が治療してきた患者さんもそうでした。

また、YouTube「樺チャンネル」の視聴者で、私の「整えるメソッド」を実践して「効果が出た！」というコメント、メッセージは、十代の方からも山ほど届いています。

では、何をどう整えればいいのか？

以下、睡眠、運動、食事の整え方について、順に解説します。

睡眠で整える

「悩み」があるなら8時間眠れ！

本書は、十代のあなたにとって重要なこと、絶対にやってほしいことをお伝えする本です。多くの項目が盛り込まれていますが、「その中で最も重要なことを一つだけ教えて」と言われたら迷わずこう答えます。

十代のあなたにとって最も重要なことは「睡眠」です。

「やりたいことに力を注いで夢を見つけろ！」「友達との人間関係を大切にしろ！」「学生のうちはしっかり勉強しろ！」といったメッセージを想像したかもしれませんが、ぜんぶ二の次でいいです。

質の良い睡眠をしっかりとること。夜更かしをせずに、昼夜逆転にならない。同じ時間に寝て、同じ時間に起きる。規則正しい睡眠時間を確保する。

これだけで、ほとんどのことがうまく進むようになります。

アメリカのメジャーリーグで活躍する大谷翔平選手が、とても睡眠を大事にしていることはよく知られています。チームの選手から食事に誘われても、「寝てるから」を理由に行かないことがほとんどだとか。また記者から「睡眠は一日、最低、何時間寝たいか」と聞かれた際には、大谷選手はこう答えています。

「寝れば寝るだけいいかなと思います。質はその次にまずは量を確保することかなと思います。10時間以上か？　全然、寝ましたね。どれだけ寝られたかが一番かなとは思うので」（「スポニチアネックス」２０２３年５月４日付より）

大谷選手は、睡眠の重要性をしっかり理解しているのでしょう。十分な睡眠をとっているから、常に最高のパフォーマンスを発揮して世界が賞賛するスタープレイヤーでいられるのです。

さてそれでは、あなたは必要十分な睡眠をとれているでしょうか。まず以下にあげる11の悩みのうち、当てはまるものにチェック☑を入れてみましょう。

□ 学校の成績が悪い
□ 集中力が持続しない。勉強してもすぐに飽きてしまう
□ 午前中ボーッとする。授業に集中できない
□ 朝の目覚めが悪い。朝起きても何もしたくない

□学校に行きたくない
□イライラしたり、怒りっぽい。感情のコントロールがきかない
□人間関係がうまくいかない
□気分が落ち込んでやる気が出ない
□なんでもネガティブに考えてしまう。自己肯定感が低い
□毎日が楽しくない。幸せを感じられない
□死にたい

十代にありがちな悩みをほとんど網羅していると思います。これらは、「睡眠不足」が原因、もしくは睡眠不足が深く関係している悩みばかりです。

つまり、**しっかりと睡眠をとることで、あなたの悩みのほとんどが解消する！**　そうだとしたら、なんと簡単なことでしょう。

悩みがあるなら、8時間眠れ！

いきなり8時間は無理だとしたら、まずは7時間以上を目指してください。

さて、樺沢は何時間眠っているのか？　もちろん毎日8時間眠っています。

悩みがあるなら、8時間眠れ！

高校生の8割が睡眠不足！

内閣府の調査によると、高校生の平均就寝時刻は23時42分で、平均起床時刻は6時36分。平均睡眠時間は6時間54分でした（2021年「子どもの生活時間に関する調査」）。

また、理化学研究所と東京大学による、約7700人の小中高生の睡眠の状況をウェアラブル機器を使って調べた研究では、高校生の平均睡眠時間は、6時間27分。約3割の高校生が睡眠6時間未満という結果となりました（「子ども睡眠健診」プロジェクト2024年）。

アメリカ国立睡眠財団は、中高生の理想的な睡眠時間は8〜10時間、限界最短睡眠時間は7時間と発表しています。

厚生労働省が策定した「健康づくりのための睡眠ガイド2023」には、「中学・高校生は8〜10時間を参考に睡眠時間を確保する」と書かれています。

最低でも7時間、できれば8時間以上の睡眠が推奨されています。

日本人高校生の平均睡眠時間は7時間に満たないので、1時間以上も睡眠が足りていないことになります。

文部科学省が発表した「家庭教育の総合的推進に関する調査研究」（2015年）の、

何時間寝ればいい？

6時間以下	深刻な睡眠不足	甚大な病気リスク パフォーマンスの著しい低下
6〜7時間	睡眠不足	集中力低下 日中の眠気
7〜8時間	必要睡眠時間	健康的な睡眠時間
8時間	目標睡眠時間	脳のパフォーマンスを最大化！

（6〜7時間：6時間以上7時間未満）

授業中に強い眠気を感じるかどうかの調査では、高校生は、「よくある」と「ときどきある」を合わせて78・5%に及びました。

精神医学的には、十分な時間と質の良い睡眠がとれていれば、「日中の強い眠気は出ない」と考えます。授業中に眠たくなる、それも、毎日のように眠たくなるならば、「睡眠不足」と考えられます。

専門家の間でも議論はあるでしょうが、膨大な論文と書籍を読んで実際に睡眠指導を行ってきた私の見解は、上の図の通りです。

この基準に照らすと、**高校生の約3割が6時間以下の睡眠なので「深刻な睡眠不足」。8割が日中の眠気に悩まされる**

「睡眠不足」となります。これは極めて危機的な状態です。

なぜならば睡眠不足は、「脳」「記憶力・頭のよさ」「人間関係」「心と身体の健康」など、あなたの人生において重要なものをすべて破壊するからです。

睡眠不足があなたの人生を破壊する10の理由

十代でも、常識として絶対に知っておいてほしい「睡眠不足の悪影響」について、ポイントを短くお伝えします。

①学校の成績が悪くなる

6時間以下の睡眠を2週間以上続けると、脳の認知機能が「徹夜明け」と同じようなレベルにまで下がります。それはビール（500㎖）を飲んだ「ホロ酔い」と同じ状態。頭はボーッとして、ミスも多くなります。勉強してもはかどるはずがありません。学校の授業の内容も右から左へ抜けていきます。

米国の高校生を対象にした研究では、「成績が悪いグループ」の学生は、「成績が良い「グループ」の学生よりも、睡眠時間が約25分短く、就寝時間が平均40分遅いことが明らかになりました。また、最も成績の良いA評価と最も成績の悪いD評価の学生を比べると、D評価の学生のほうが睡眠時間が40分も短いことがわかりました。

無理して深夜まで勉強するよりも、さっさと眠ったほうが成績は良いのです。

② 記憶が定着しない。勉強や練習の成果が出ない

勉強した内容を記憶として定着させるためには、6時間以上の睡眠が必要です。

また学業の記憶に限らず、スポーツやピアノの練習など、**運動やトレーニングの結果を脳に定着させるにも、最低6時間以上の睡眠が必要**です。

例として、ピアノの練習後に睡眠をはさむと、そのあとの演奏ではスピードが20%、正確性が35%も上昇した、という研究結果が報告されています。

また、男子バスケットボール選手10人を対象に、練習後、毎日10時間の睡眠をとらせた結果、40日後には80m走のタイムが0・7秒縮まり、3ポイントシュートが1・4本も多く入るようになったという研究もあります。

なかなか上達しないことを「自分は生まれつき才能がない」と勘違いし、悲観している人も多いのではないでしょうか。**足りないのは才能ではなく、睡眠です。**

③脳が成長しない。脳が破壊される

東北大学加齢医学研究所によると、**睡眠時間が短い子供ほど、脳の「海馬」（記憶を司る部位）が小さい傾向がある、**と報告されています。長期的な睡眠不足は、脳の発達、成長を止めるのです。

思春期の脳の成長障害が、大人になってから取り戻せるのかどうかは、現在のところわかっていません。

イタリアのマルケ工科大学の研究では、慢性的な睡眠不足が、脳内の「食作用」を担う細胞を活性化させ、シナプス（神経細胞の結合部）の分解を促進させることがわかりました。

「シナプスが分解される（減る）」とは、脳が破壊されるということ。つまり睡眠不足で頭が悪くなるのです。

④ミスが多くなる。発達障害と勘違いする

睡眠不足によって最も初期に現れて、最も自覚しやすいのが、不注意の症状です。集中力が低下するので、忘れ物やうっかりミスが増えます。

「うっかりミスが多い」をネットで調べると、発達障害の症状だと指摘する声もあります。心配して精神科を訪れる人もいますが、睡眠を十分にとり、規則正しい生活をするだけで症状がすっかり改善するケースもあります。単なる睡眠不足だったのです。

⑤意欲が低下し、何もする気がなくなる

「やる気が出ない」「何もしたくない」という状態を、精神医学では「意欲の低下」と呼びます。「うつ病」の最も特徴的な症状で、睡眠時間が短いほど強まっていきます。

「勉強したくない」「学校に行きたくない」からといって、すぐに「うつ病」の診断を下したりはしませんが、睡眠不足を放置すると、「うつ病」にまで悪化してしまうことがあるので注意が必要です。

また、睡眠不足が続くと、「幸福物質」とも呼ばれる脳内の神経伝達物質「セロトニン」の活性が低下します。このセロトニンが出ていると、爽やかな、安らかな、穏やかな幸福感を覚えます。**逆にセロトニンが少ない状態では、朝の目覚めは最悪です。「この世の終わり」「死にたい」というどん底の気分になります。**学校に行きたくなくなるのも当然です。

⑥体調不良になる、自律神経が乱れる、起立性調節障害になる

不登校の人が内科を受診すると、しばしば「起立性調節障害」と診断されることがあります。朝起きたとき、血圧が低いなどの理由でフラフラしたり、めまい、立ちくらみがするなどの症状が起こる病気です。

その原因は自律神経の乱れと考えられますが、順番としては、睡眠不足→体調不良

↓自律神経が乱れる↓起立性調節障害です。

起立性調節障害は、規則正しい十分な睡眠と定期的な運動によって改善していきます。

⑦モテない、外見的魅力がなくなる

睡眠不足になると、外見的魅力が著しく損なわれます。

元気がない。はつらつとしていない。表情に精気がない。死んだ魚のような目をしている。笑顔が少なくて雰囲気が暗い。姿勢が悪い。肌つやが悪い。ニキビや吹き出物が多い。

あなたがモテないことを悩んでいるならば、その原因は睡眠不足かもしれません。

モテる人というのは、華がある人です。元気で、明るく、笑顔が多い。一方、睡眠不足の人は、うつ的な傾向が強まりますから真逆の状態。「暗くて、感じの悪い人」という印象を与えます。

前述した幸福物質セロトニンは、気分や感情だけではなく、表情や姿勢に関わる筋肉もコントロールしています。**セロトニンが多い人は、姿勢が良く、笑顔も素敵**なのです。

また、睡眠中に分泌される成長ホルモンは、皮膚の新陳代謝を促進します。しっかりと眠ることで、肌つやがよくなります。

⑧感情が不安定になる。人間関係が破壊される

睡眠が少ないほど「キレやすい」「イライラする」「怒りっぽい」傾向が強まります。脳の「前頭前野」の機能が低下するからです。

前頭前野とは、脳の司令塔ともいわれ、「考える」「判断する」「記憶する」「アイデアを出す」「感情をコントロールする」など、高次の認知機能を司る脳の中枢です。

中高生を対象に、睡眠時間と「うつ・不安」のスコアの関係を調べた東京大学の研究。うつ・不安のリスクが最も低い中高生男子は平日8時間半以上の睡眠をとっていました。睡眠時間がこれより少なくなるほど、うつ・不安のスコアは著しく高まりました。この研究では、中高生の心の健康維持のための睡眠時間として「8時間半」を推奨しています。

⑨うつ病、自殺、依存症のリスクを高める

睡眠不足は、メンタル疾患の発症リスクを高めます。

睡眠時間が6時間以下になると、うつ病の発症率は最大で5・8倍、認知症は5倍、そして自殺のリスクは2〜4・3倍に増えます。

思春期で「死にたい」「生きている意味がない」という人がまずやるべきことは、睡眠です。睡眠が足りないと、「死にたい気持ち」が強まるのです。

また睡眠不足で、楽しい気分をもたらす幸福物質「ドーパミン」の報酬系に対する抑制が弱まります。

・報酬系……モチベーションやポジティブ感情など、幸福感を司る神経回路のグループ

結果として、我慢ができず、誘惑に勝てなくなるのです（Ｐ１３０で解説）。睡眠

睡眠不足が引き起こす10の深刻な影響

① 学校の成績が悪くなる
② 覚えた内容が記憶として定着しない。勉強や練習の成果が出ない
③ 脳が成長しない。脳が破壊される
④ ミスが多くなる。発達障害と勘違いする
⑤ 意欲が低下し、何もする気がなくなる
⑥ 体調不良になる。自律神経が乱れる。起立性調節障害になる
⑦ モテない、外見的魅力がなくなる
⑧ 感情が不安定になる。人間関係が破壊される
⑨ うつ病、自殺、依存症のリスクを高める
⑩ 不安が強まる

時間が短いほど、飲酒、喫煙、シンナー乱用などの依存症や、問題行動のリスクが高まります。

⑩ 不安が強まる

「悩み」とは、「不安」であり「心配」です。何か困ったことが起きても、不安にならず、安心した気持ちで悠然としていられるのなら、それは「悩み」ではありません。

脳には、危険や不安を察知する「扁桃体《へんとうたい》」という部位があります。この扁桃体が知らせる不安や危険を和らげるのが、前述の前頭前野なのですが、睡眠不足でその働きが低下します。結果として、不安が増え続け、ほんの些細なことでも、過剰に心配してしまうのです。

つまり、**睡眠が少ないと不安が増える。しっかり眠れば不安は減る。**

睡眠がほとんどすべての悩みを解消すると言っても過言ではありません。すべてを完全に解決することはなくても、今よりも時間を増やし、睡眠の質を改善するだけで、「不安」や「つらさ」を間違いなく減らすことができます。

脳のメンテナンスが不十分だとバカになる

睡眠不足は、成人においても、病気リスクを高め、健康に甚大な影響を与えます。成長ざかりの十代の場合、その悪影響はさらに深刻です。

脳は5～6歳までに成人の脳重量の90％に達するものの、まだまだ思春期では未成熟です。特に大脳皮質の3割を占める**脳の司令塔・前頭前野の回路は、中学生、高校生の時期に鍛えられ、二十代の前半頃に完成します。**

睡眠中は成長ホルモンが分泌し、筋肉や骨は夜間に育ちますが、身体だけではなく、脳も寝ている間に活発に働いています。

最近の研究では、睡眠中のレム睡眠（夢を見るときの睡眠）では、脳の毛細血管の血流量が、日中の2倍に増えていることがわかりました。

毛細血管では、栄養と老廃物の交換が行われます。**寝ている間に老廃物を掃除し、物理的なメンテナンスをしている**のです。

また、レム睡眠中には、記憶の整理なども行われています。

睡眠不足が続くと、アルツハイマー型認知症の原因物質といわれる、神経毒性の強いタンパク質「アミロイドβ《ベータ》」がたまっていきます。しかし、6時間半以上の睡眠で、この物質は掃除され排出されるので、しっかりと寝るだけで認知症の予防ができます。睡眠をしっかりとらなければ、この脳のメンテナンス、疲労回復、成長、記憶の整理など、さまざまな活動が不十分になります。ザックリいえば、睡眠不足で頭が悪くなるのです。

思春期は「成長のゴールデンタイム」です。その重要な時期に、しっかりと睡眠をとって脳を育てるのか、それとも睡眠不足で脳を破壊するのか。

前頭前野は、「集中力」「記憶力」「思考力」「感情コントロール」「衝動の抑制」と関わっています。その成長が不十分なまま、成長のゴールデンタイムを終えてしまったら、どうなるのでしょう？　仕事に集中できず、もの覚えも悪くミスを連発する。感情が不安定で、イライラや不安も多い。ストレスにも弱く、すぐに落ち込む。そんな状態では、社会人としてバリバリ働くことは不可能です。

睡眠は、植物を育てるための水のようなものです。十分に水を与えて、大きく育てて、豊かに実らせるのか。それとも、水をケチって枯らしてしまうのか。

思春期の睡眠で、あなたの一生の脳が作られる。思春期に著しい睡眠不足で脳のメンテナンスができないとしたら……「バカになる」といっても過言ではありません。

睡眠不足でバカになる

体内時計を整える

夜更かし厳禁

高校生の8割は睡眠不足！　とお伝えしました。その原因は何でしょう？私が言わなくても、すでにお気付きですね。耳が痛い話かもしれませんが、ここは少し我慢して読んでください。

十代、特に高校生の睡眠が短くなる最大の原因は、インターネット、スマホやゲームの長時間利用です。各種の研究、調査で、スマホやゲームを長時間利用するほど睡眠時間が短くなる、という結果が出ています。友達とのSNS、チャットでの交流。動画やドラマ、アニメの視聴。スマホあるいはゲーム機器を使ったゲーム。

スマホは誘惑の玉手箱です。「ゲームに夢中になって、気付けば深夜0時を過ぎている」「1時、2時まで動画を見てしまう」という人も多いでしょう。

スマホ、ゲームの時間を減らさない限りは、十分な睡眠時間を確保することはできません。

「休日の遅起き」に注意。体内時計ズレのデメリット

「明日は土曜日で休み！　だから、今日は3時までスマホ（ゲーム）をしても大丈夫！」ということで、週末になると夜更かしをする人は多いでしょう。「昼近くまで最低7時間は寝ているから大丈夫」と思うでしょうが、「整える」という意味では、最悪の習慣です。

人間には「体内時計」が備わっていて、脳や身体は毎日、正確なリズムを刻んでいます。体内ではこのタイムスケジュールに従って、決まったホルモンや脳内物質が分泌されています。**昼に出る脳内物質、夜に出るホルモンと、時間によって変わるのですが、体内時計がズレると、この分泌が不安定になる**のです。

普段7時に起きているあなたが、土日は昼の12時まで寝ているとしましょう。体内時計は、後ろに5時間ズレます。

月曜の朝、起きるのがつらい。眠たい。起きられない。学校に行きたくない。当然です。5時間も体内時計がズレているので、いつも7時に起床しているあなたにとって、「午前2時にたたき起こされた」のと同じことです。

実は、**一度大きくズレてしまった体内時計を元に戻すのには3日かかる**と言われて

います。つまり、土日で5時間ズレた体内時計が元に戻るのは木曜日です。調子が戻った！　と思ったら、金曜日の夜には、また夜更かしをする。

1週間のうち、パフォーマンスが正常の日は、木曜と金曜のたった2日しかない計算になるのです。

体内時計がズレていると、以下のようなデメリットが起こります。

- 朝起きられない。学校に行きたくない。学校に行けない
- 午前中の集中力、記憶力の低下。勉強が手につかない
- 日中の強い眠気。授業中の居眠りが多い
- 学校の成績の低下
- 感情が不安定になる。イライラ。人間関係がおかしくなる
- 食欲がない。ご飯を食べたくない
- 夜、眠れない。途中で目が覚める。睡眠障害
- 眠れないから、スマホやゲームをしてしまう
- 体内時計のズレが固定されて、戻らなくなる

ホルモンの攪乱《かくらん》。脳と身体の発達、成長に支障
成長ホルモンが出づらい。成長しない。疲労回復しない

普段、毎日7時間以上寝ていても、週末に夜更かしをするだけで、体内時計はズレます。また、大人と比べ十代は、ホルモンなどの影響で、体内時計がズレやすいのです。

「睡眠時間はきちんととっているのに調子が悪い」「やる気が出ない」「日中眠たい」という人は、体内時計がズレているのかもしれません。

睡眠不足は健康に悪いとお伝えしましたが、**夜更かしは、睡眠不足に加えて「体内時計のズレ」という追加ダメージを与える**のです。

人間にとっていちばん健康なのは、睡眠時間を確保した上で、毎日同じ時間に寝て、同じ時間に起きることです。週7日間「規則正しい生活」を続けることが、「整える」ための最高の方法として推奨されます。

とはいえ、「土日くらいはゆっくり寝たい」と思う人もいますよね。その場合に許容される起床時間のズレは「2時間」。朝の起床時間がいつもの2時間遅れであれば、ギリギリ体内時計をズラさずに生活することができます。

できるだけ心がけてみてください。

体内時計のズレを直す方法

さて、「ここは一つ、樺沢の言うことを聞いて体内時計を整えてみるか」と思った方へ、その方法は簡単です。

「朝食」と「朝散歩」、この二つで体内時計が整います（朝食についてはP83〜解説）。ここでは特に、朝散歩について説明します。

朝日を浴びると、光の刺激が目の網膜

から入り、脳の深部にある視交叉上核《しこうさじょうかく》（睡眠、覚醒、血圧、体温、ホルモン分泌など生理機能のリズムを刻む部位）に届き、体内時計がリセットされます。

晴天の屋外に5～10分もいれば体内時計はリセットされます。毎日、通学している人は、駅や学校まで屋外を10分以上は歩くでしょうから、体内時計は整っています。

ただし、体内時計のリセットは、起床してから1時間以内が理想的です。

朝起きてから1時間以内に、5～15分程度、姿勢よく、リズムよく、やや早足で散歩する。それだけで、体内時計がリセットされ、セロトニンも活性化します。この朝散歩によって、最高の1日のスタートを切ることができます。

- 午前中の集中力が低い、午前中ボーッとしている
- 夜に眠気が出ない、夜間の睡眠の質が悪い。睡眠障害がある
- 寝起きが悪い、朝なかなか起きられない
- 身体がだるい、体調不良、起立性調節障害
- 不登校、ひきこもり

これらに当てはまる人は、朝散歩をすることで、「体内時計のリセット」と「セロトニンの活性化」が同時にできます。

極めて「整える」効果が高い生活習慣が、朝散歩なのです。

運動で整える

「頭が悪い」は改善できる！

★

私は生まれつき頭が悪い
もっと頭がよければ、第一志望の高校に入れたのに
もっと頭がよければ、一流大学に入れるのに

★

頭のよさは、生まれつき決まっていると思いますか？

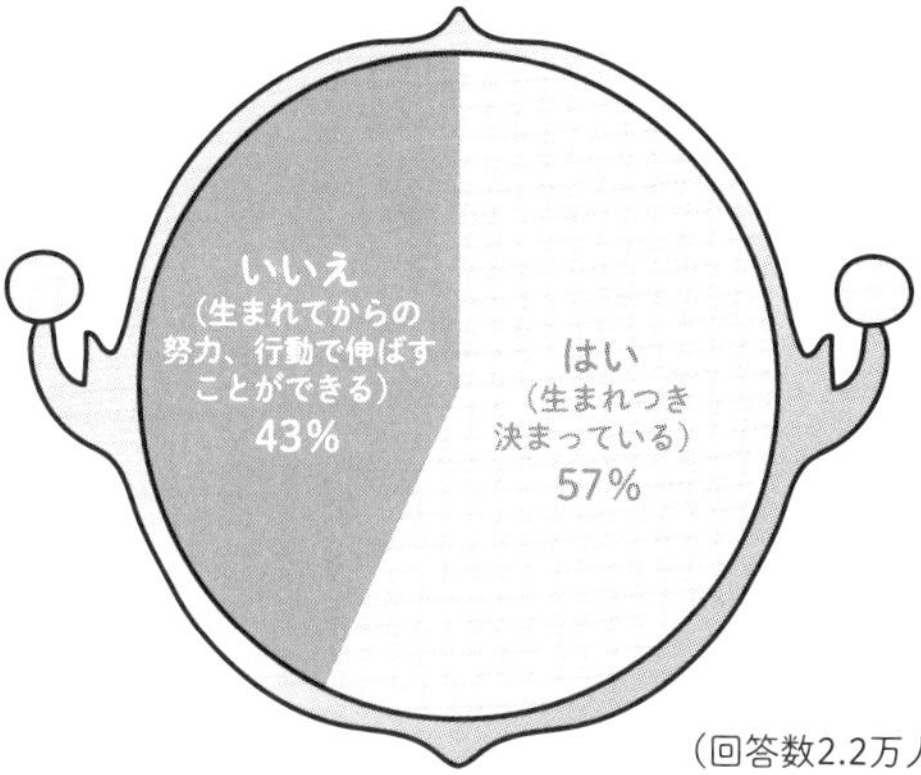

（回答数2.2万人）

「頭のよさは生まれたときに決まる」
「後天的な努力で頭はよくならない」

こう思っている人は非常に多いのですが、脳科学的には完全に間違いです。

樺沢のYouTube調査によると、「頭のよさは、生まれつき決まっている」に「はい」と答えた人は57%でした。約6割の人は、「頭のよさは、どうしようもない」と思い込んでいる。間違った常識のせいで、最初から人生をあきらめてしまっているのです。なんと残念なことでしょう。

「睡眠不足で頭が悪くなる」と聞いてショックを受けた人も多いでしょう。でも安心してください。頭がよくなる方法があるのです！

それは「運動」です。

頭のよさ（記憶力、集中力、学習能力など）は、生まれつき決まっているわけではなく、生まれてからの行動（運動＋学習）によって、いくらでも成長させることができます。「運動すると頭がよくなる」ことは、膨大な科学研究によって明確に示されている、歴然とした事実なのです。

いま学校の成績が悪くても、悲観する必要は全くありません。運動して、勉強する。**「運動＋勉強」で、いくらでも脳は成長する。記憶力、集中力がアップし、学校の成績もアップします。**

しかしながら、中高生の多くは、ここでも真逆なことをしています。

スマホやゲームの長時間利用。加えて毎日、長時間、座り続けています。明らかに運動不足です。スマホの長時間使用は、スマホの害に加え運動不足の害によって、脳を破壊し続けているのです。

運動すれば頭はよくなる

30年前、私が医者になった頃は「頭のよさは生まれたときに決まっている」と言われていました。

「脳細胞の数は決まっていて、生まれたあとはドンドン減っていくだけ」

これが当時の古い常識。しかし最新の脳科学研究では、それは間違いだと判明しています。

運動すると、以下の変化が起きることが、膨大な研究によって示されています。

★

- 神経細胞が成長する
- シナプス（神経細胞の結合部）が増える
- 脳の血流が増える、脳の働きがよくなる
- ドーパミン、ノルアドレナリンなどの記憶増強物質が分泌される
- 記憶力、集中力、学習機能、実行機能、判断力など、脳の機能のほとんどが著しく向上する

★

運動による記憶力、集中力の増強効果は、運動中に始まり、運動後3時間程度持続

します。さらに中強度の運動を習慣化して、3ヶ月以上継続すると、脳のパフォーマンスが高い状態で固定する。運動していないときでも、記憶力や集中力が高い状態が維持されます。

つまり、「頭がよくなる」ということです。

このように脳科学が飛躍的に進歩したのは、最近20年ほどのこと。

特にここ10年は、fMRI（磁気共鳴機能画像法）の精度が飛躍的に進歩し、脳のどの部位が活性化しているかが、秒単位でわかるようになりました。

「運動すれば頭がよくなる」という、あなたの人生を左右する重要な情報。それがほとんど世に知られていないのは、この10〜20年で明確になった事実だからです。その新しい知見は、書籍やネットでも、まだ十分に紹介されていません。

むしろ、30年以上前のカビの生えた「古い脳科学」をいまだに掲載しているウェブサイトも多い。インターネットには膨大な知識が詰まっていますが、古い間違ったデータがそのまま残ってしまうのは、大きな弊害です。

樺沢のYouTubeでは、「運動すれば頭がよくなる」という内容の動画を何十本も上げています。私は「運動すると頭がよくなる」という脳科学的事実を、日本で最も広げてきたと言っても過言ではありません。それでも一般に広く知られていないのは、とても残念なことです。

頭がよくなるのに年齢は関係ない

「運動すると頭がよくなる！」と言われても、自分はもう高3だし……

大丈夫です。運動による脳の機能改善の効果に、年齢は関係ありません。

幼児や小学生の頃は当然として、中学生、高校生でも、**脳の成長が完成するのは二十代前半**ですから、まだ十分に余裕があります。

70歳を過ぎた高齢者は無理でしょうか？

いえいえ、もちろん大丈夫。一日20分の運動で認知症リスクは2分の1になります。高齢者には、運動は、絶大な脳の老化防止、認知症予防効果として大きなメリットがあるのです。

その成長は、学び続ける限り一生続きます。58歳の私の脳も、まだまだ成長し続けています。しかし十代のみなさんは、その速度が半端ない。十代の1年は、大人の5年分、10年分に相当するといっていい。

あなたは、今、脳の成長のゴールデンタイムにいます！

脳を育てる方法は、睡眠、運動、食事。つまり、「整える力」が、脳を育てます。

ネイパービルの奇跡

有名な事例を示しましょう。

アメリカのイリノイ州にあるネイパービル中学校――地元の子供たちが通う、どこにでもある普通の公立中学校です。

もともと学力の高い学校ではありませんでした。その中学で、「0時限の運動時間」

を設けました。つまり、通常の授業が始まる前に、45分の体育の授業を課したのです。

その結果、1999年のTIMSS（国際数学・理科教育動向調査）という世界的な学力テストで、この学校の2年生が理科で世界1位、数学で6位という成績をとったのです。普通の公立校の生徒が世界1位ですから、「頭がよくなった！」と言ってさしつかえないでしょう。

ハーバード大学の研究チームが、この学校を調査し、運動と成績の関連性を研究したところ、**運動直後の約3時間は、記憶力が20％近くも向上する**ことがわかりました。

なぜ運動すると頭がよくなるのか

ここでまた少し、脳のメカニズムを説明しましょう。

運動すると、「脳の肥料」と呼ばれる物質「BDNF（Brain-derived neurotrophic factor：脳由来神経栄養因子）」が分泌されます。

・BDNF……シナプスの結合を促進し、脳を育て、脳の細胞死を抑制する物質人間の脳の神経細胞の数は、生まれたときにある数でほぼ規定されます。しかしながら、神経細胞は、枝葉を伸ばし、他の細胞と結合し、神経ネットワークを作ります。そのネットワークが広がれば広がるほど、「頭がよくなる」と考えていいでしょう。

神経細胞が、枝や葉をドンドン伸ばすと、緑豊かな森林へと育っていくのをイメージしてください。そこで肥料の役割をするのが、BDNFというわけです。

運動するだけで、脳に良い肥料をじゃんじゃん分泌できるわけです。運動すれば脳は育ち、頭がよくなる。こんな素晴らしいことはありません。

運動すると脳が活性化する。その効果は、普段運動しない人が、たった30分運動しただけでも現れます。運動の最中と直後に、ドーパミン、ノルアドレナリン、アドレナリンなどの脳内物質が分泌されるからです。

これらの物質には、すべて記憶増強作用があります。集中力も高まります。特に**ドーパミンは学習と深く関わることから、「学習物質」ともいわれます。**

運動したあとに勉強するだけで「20％の記憶増強効果が得られる」としたら、使わない手はありませんよね？

効率良い運動の方法は次ページにまとめましたので参考にしてください。

頭がよくなる運動 7 則

① 有酸素運動と筋トレ、どちらも効果的
② 中強度以上の運動。気持ちよい汗を流す程度の運動負荷
③ 週２回以上、一回 30 分以上
④ １週間で合計２時間以上
⑤ 単純な運動よりも、複雑さや変化がある動き、臨機応変な対応が求められる運動（格闘技、武術、ダンス、球技など）
⑥ ３ヶ月以上続ける。習慣化する
⑦ 座り続けない。60 分に１回は立つ、歩く

運動後のボーナスタイム

自分は体育会系の部活で、毎日3時間も運動している。それなのに学校の成績がちっとも良くない。どういうわけだ！　話が違うじゃないか！

そういう人もいるかもしれませんね。先ほどもお伝えしましたが、もう一度説明しましょう。

運動するとドーパミン、ノルアドレナリンなどの記憶増強物質が分泌されます。それは、運動の最中に始まり、運動後3時間ほど持続します。その効果は、運動直後に強く、徐々に減っていきます。

ところで、あなたは部活で運動したあと、何時間勉強していますか？
部活の帰りに、カフェに寄って、友達とおしゃべりしていませんか？
部活の帰りの電車で、スマホを見ているのではありませんか？
あるいは部活の疲れで、帰りの電車で居眠りしていませんか？

帰宅後ダラダラ過ごしていませんか？
疲れたからと仮眠をとったりしていませんか？

重要なのは、運動直後のボーナスタイムは3時間ということ。

そこで勉強しないと意味がないのです。帰りの電車で単語帳や教科書を開かないともったいないのです。帰宅してすぐに勉強机に向かわないとボーナスタイムは終了してしまいます。

運動は、RPGでいうところの「バーサク（狂戦士化）」系の呪文と同じです。魔法が効いている間は、攻撃力と攻撃回数が倍になるアレです。

「運動したあとに勉強しない」というのは、バーサクの呪文を唱えているのに戦闘しないのと同じこと。MP（魔力）の無駄遣い、ひいては人生の無駄遣いです。

勉強の結果を出すには、だらだらと長時間やるよりも、集中力高く、ぎゅっと濃縮したほうがいい。

集中力や記憶力の増強物質がじゃんじゃん分泌される運動直後の「脳のボーナスタイム」を、有効利用しないのはもったいないですね。

運動直後の3時間を有効に使え！

運動のしすぎは勉強にマイナス⁉

ところで、運動部で超ハードな活動をしている人は、注意が必要です。

2時間以上、強度の強い運動をして、ヘロヘロな状態になったとします。あなたの気分としては、「疲れがひどくて勉強どころじゃない」「むしろ寝たい」と思うでしょう。


その場合は、運動のしすぎといわざるを得ません。

ハードな運動で、筋肉が疲労しすぎると、その回復のために、血流とエネルギー（ブドウ糖）は身体、主に筋肉に向かいます。脳の重さは体重のわずか2％程度しかありませんが、全身の血流の15～20％、全エネルギーの18％を脳が消費しています。

つまり、全身、主に筋肉への血流が増えると、脳に十分なエネルギーが届かなくなります。**激しい運動をしたあとに、頭がボーッとしたり、眠気が出たりするのは、エネルギー不足で脳のパフォーマンスが激下がりしているから**です。

「部活から帰ったあと勉強なんか無理」という人は、運動後に間食をしてエネルギー補給をするなど、工夫したほうがいいでしょう。

運動は経験値が3倍になるアイテム

私は、2011年からスポーツジムに通っています。週に2～3回、1回60～90分。筋トレと有酸素運動の組み合わせで、かなり汗が流れる、ややハードなメニュー。トレーニングが終わり、ジムを出たら、すぐにカフェに駆け込んでパソコンを開き、本の執筆を開始します。頭がめちゃくちゃ冴えているので、ものすごくはかどります。私の本業（メインの仕事）は文章を書く作家ですが、執筆は通常なら午前中の3時間しかできません。それ以降は集中力が下がるからです。

しかし運動したあとは、朝と同じくらいの高い集中力へと回復します。つまり、そこから最大3時間は「執筆可能タイム」になるのです。たった1時間の運動で、1日の仕事量が2倍になるのですから、私にとっては、時限付きではありますが、無敵状態になれる魔法のアイテムです。

「時間がないので、運動できません」と言う人は多いのですが、1時間運動することで3時間の「高集中時間」がゲットできるのです。課金型ゲームで、よく「経験値を2倍にするアイテム」がありますが、「経験値が3倍になるアイテム」はめったにありません。

「運動」は、「経験値３倍」になる最強のアイテム。使わない手はないのです。

食事で整える

身体の成長は今しかできない

十代のあなたが今しかできないこと、それは「成長」です。

先述したように、十代は「成長のゴールデンタイム」。今のうちに脳と身体をできるだけ成長させるよう意識してほしい。

成長のために心がけることは、たった一つです。

成長の邪魔をしないこと！

基本的に十代の身体と脳は勝手に成長しますから、それにブレーキをかける行為をしなければいい。そのブレーキとは、睡眠不足、運動不足、栄養不足です。他にも「飲酒」「喫煙」「ドラッグ（薬物）」なども正常な成長を阻害する、絶対に避けるべき習慣といえます。そもそも法律的にアウトではありますが。

つまり、「身体と脳を整える」「生活習慣を整える」というのは、「成長を促す」「成長を促進する」という意味において、極めて重要です。ここでは栄養不足の弊害と食事について説明します。

栄養不足は致命的

食事と栄養について詳しく語ると、本一冊分になってしまいますから、十代のあなたにとって最も重要な二点だけお伝えします。

「ダイエットしない」「朝食をとる」、これだけです。

最近は、中高校生の間でダイエットをする人が増えているようです。

LINEリサーチ運営「リサーチノート」の調査によると、ダイエットをしている人の割合は、高校生女子で6割を超えて（64・8％）いました（男子は24・7％でした）。

女子にとって、「ダイエットは当たり前」という認識でしょうか。

しかし、**十代のダイエットは、絶対にやってはいけません！　極端な少食や偏食は、栄養不足を引き起こし、成長を阻害する**からです。

いまダイエットをしていますか？

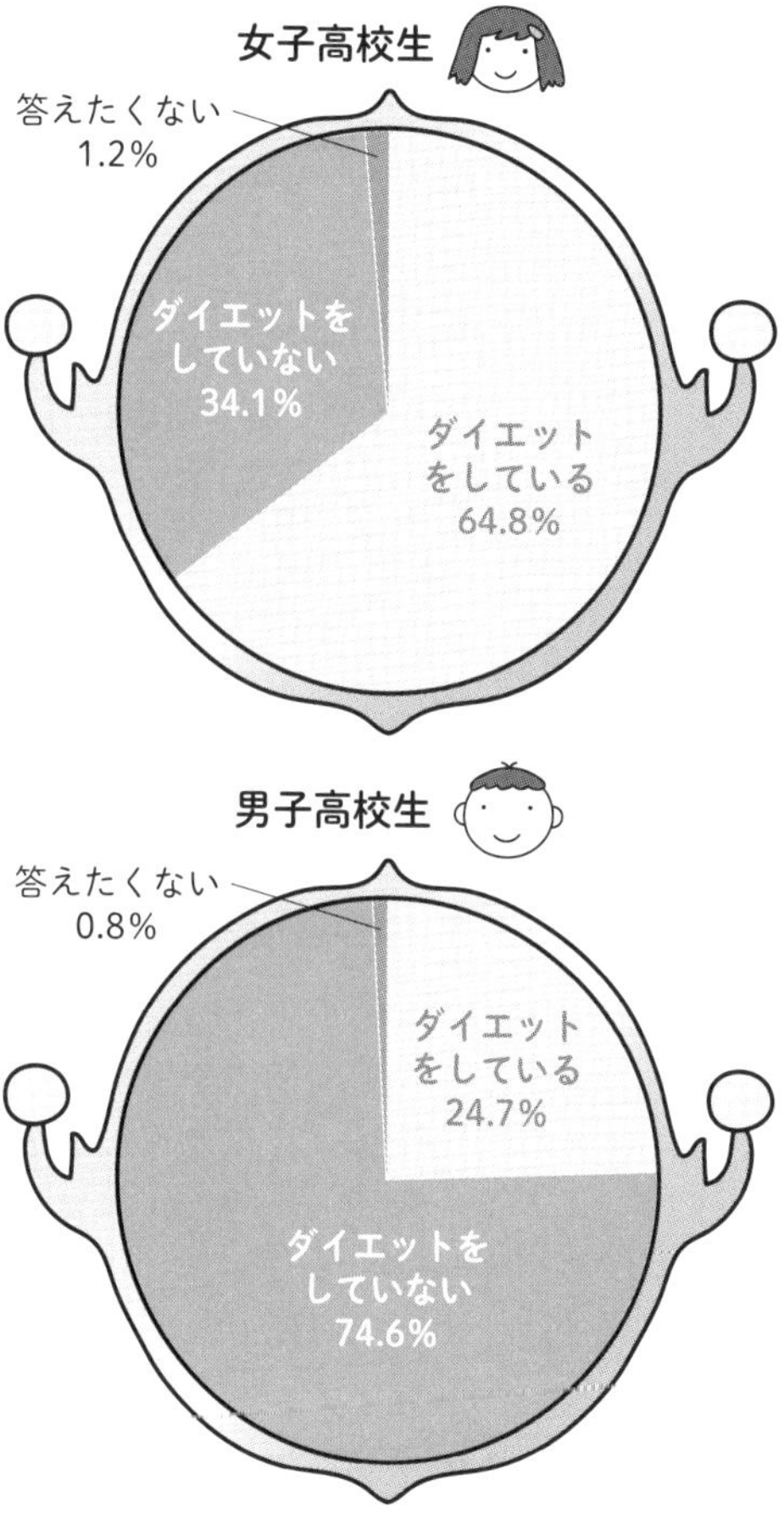

LINEリサーチ「イマドキ中高生事情」（2020年6月8日付）より

ダイエットは厳禁。朝ごはんを食べろ！

十代は活動量も多いので、成長のためには、十分なエネルギーと栄養素が必要です。そのためには、しっかりバランスよく食べることが必須です。栄養素は、身体を作る材料です。材料が不足すれば、身体を作れない、成長や発達に支障をきたすのは当たり前のこと。

脳は「脂《あぶら》」でできている

ダイエットをする人は、まず最初に「脂っぽいもの（脂質）」を控えますよね。これが良くない。なぜなら、**脳の6割は脂質でできている**からです。

脂質の内訳は、コレステロールが50％で、リン脂質とオメガ3脂肪酸が25％ずつ。リン脂質が神経細胞の細胞膜となり、コレステロールは、それを保護しています。オメガ3脂肪酸の代表格は、DHA（ドコサヘキサエン酸）で、これは神経細胞同士の情報伝達と深く関係しています。つまり、DHAが豊富だと神経間の伝達が強まります。

DHAは必須脂肪酸で、体内で合成することができません。食事から摂取しないと不足するのです。

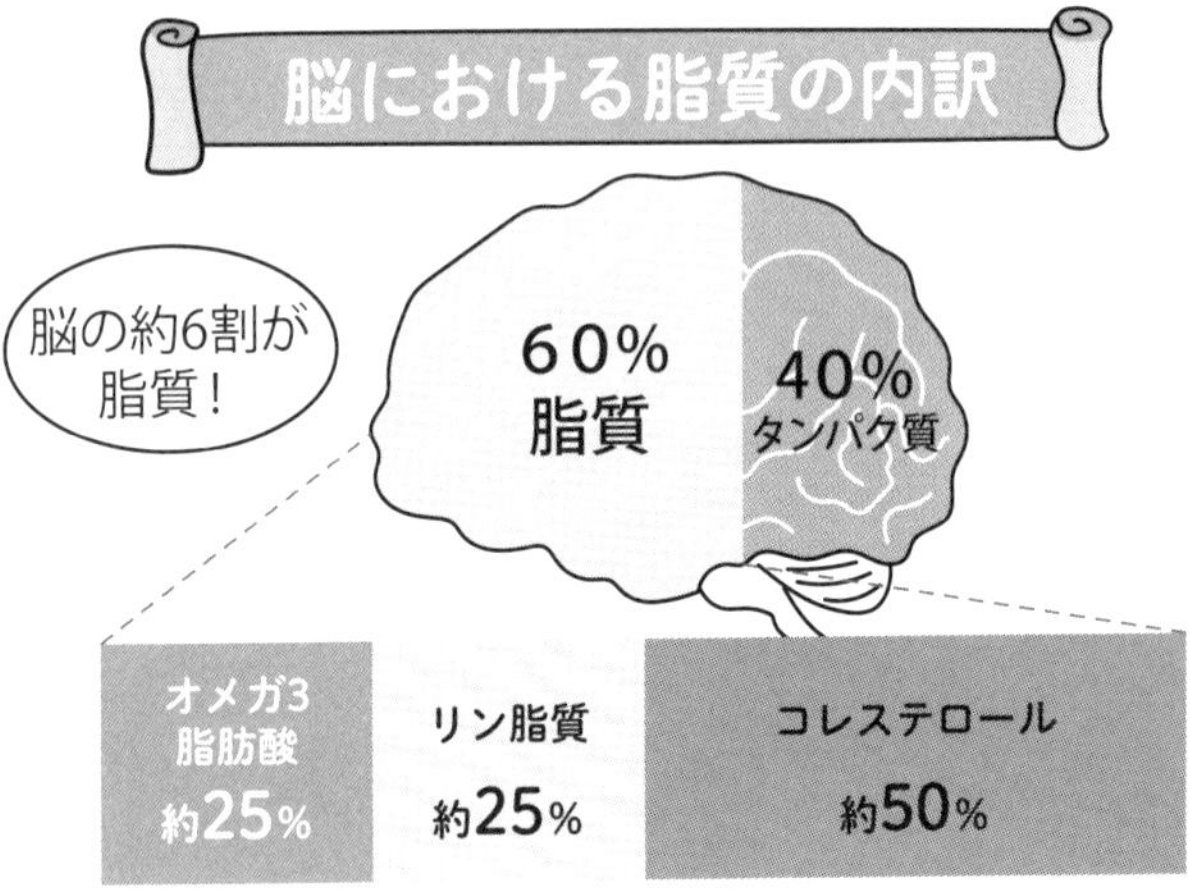

ザックリ言えば、脂質が足りていると頭がよくなる。逆に、必要な脂質が足りていないと、脳の神経細胞を維持できず、頭が悪くなるというわけです。

脂質の多い食材は、肉、魚、乳製品、卵、ナッツ類。

特にオメガ3脂肪酸はサバ、サンマ、イワシなどの青魚に豊富です。「魚を食べると頭がよくなる」と聞いたことがありませんか？　迷信ではなく、正しい知識です。

脂がないと、脳は作られない。脳が作られないとバカになる。

それでも、脂を制限しますか？

栄養不足で幸せの脳内物質も不足する

一方、幸福感をもたらす「三大幸福物質」のうちの二つであるセロトニンやドーパミンをはじめ、ノルアドレナリンなどの神経伝達物質（脳内物質）を合成するには、アミノ酸が必須です。

例えば、セロトニンの原料となるのが「トリプトファン」。これは必須アミノ酸といわれ、体内で合成することができません。ですから、極端なダイエットや偏食をしてトリプトファンを摂取しなければ、セロトニンを作ることすらできなくなってしまいます。

結果として、集中力、記憶力が低下する。頭がボーッとして、勉強が手につかない。勉強しても効果が出ない、という負の連鎖がまたしても始まるのです。

朝食抜きで脳がエネルギー不足に

脳の栄養、エネルギー源はブドウ糖です。

朝起きたときの血糖値は非常に低い。そこで朝食を食べてエネルギーを補充する。

すると全身にエネルギーが回り、活発に活動できるようになります。

朝食を食べない人は、午前中ずっと、血糖値が低い状態が続きます。脳はエネルギー不足に陥ります。学校の授業に出ても、全く頭に入ってこない。なんという時間の無駄でしょう！

実際に、**朝食を食べない学生は、毎日朝食を食べる学生よりも成績が低い**という調査結果が出ています。全国学力テストで、1教科で約10％も点数が低いのです。

きちんと朝食を食べて勉強してテストの点数が10％上がるとすれば、こんな楽な成績アップの方法はありません。

それでもあなたは、朝食を抜きますか。ボーッとした状態で、授業を受け続けるのですか。

朝食で脳と身体の体内時計が同期する

朝食には、栄養をとること以外に、極めて重要な役割があります。

それは、体内時計のリセットです。

人間には、体内時計があり、それがズレるとさまざまな障害が生じることは解説しました。朝起きて太陽の光を浴びれば、脳の体内時計はリセットできる、と。

しかし、身体の各臓器にある体内時計は、光を浴びてもリセットされません。重要なのは、朝食です。朝食を食べて血糖値が上がり、インシュリンが分泌すると、全身の各臓器はやっと、「覚醒した」「身体が活動を開始した」と判断します。**朝食によって初めて脳と全身の体内時計が同期し、絶好調の状態が作られる**というわけです。

朝食を食べないと、頭は目覚めているのに身体は覚醒していない、アンバランスな状態になります。

朝はバナナ半分でもいいので、何か口にする。それだけでも違います。

ダイエットはしない。朝食はしっかり食べましょう。

ただでさえ十代は、大人よりも活動量が多く、エネルギーを必要としています。そして、脳や身体の成長のために、さまざまな栄養素を必要としている。

にもかかわらず、ダイエットや朝食抜きをしてしまうと、その成長を自ら邪魔することになります。

カップラーメンなどのインスタント食品、ファストフードばかり食べていると、ビタミン、ミネラル不足に陥ります。野菜、海藻、フルーツ、ナッツ類に多く含まれるビタミンやミネラルは、脳の働きを高めるためにも、不可欠な栄養素です。

身体や脳の成長の遅れは、将来取り戻せるか？　科学的にはっきりとわかってはいませんが、私は取り戻せないと考えています。なぜならば、二十代前半で成長がほぼ終了するというのに、30歳、40歳で、どうやって取り戻すというのでしょう？

思春期の栄養不足は、鉄骨やコンクリート不足で無理矢理建てた、違法建築と同じです。耐震基準をクリアできないので、過労やストレスに弱い。いつ崩壊してもおかしくないのです。

・・・まとめ・・・

① 心と身体が整えば、すべてがうまくいく。

② 睡眠、運動、食事で心と身体を整えよう。

③ 十代は成長のゴールデンタイム。
その時期の生活習慣で人生が変わる。

④ 質の良い睡眠を7時間以上とること。
記憶の定着に睡眠は不可欠。

⑤ 夜更かしをすると体内時計がズレる！
週末の夜更かしもNG。

⑥ 運動すればどんどん頭がよくなる。

⑦ 中高校生は絶対にダイエットをするな！
脳と身体がボロボロになる。

⑧ 朝食を食べないと、体内時計がズレっぱなし。

—思考を整える—

・・・第2の武器・・・

レジリエンス

細身のソード すばやさ

「心のしなやかさ」が人生の分かれ道！

最重要ワード「レジリエンス」とは何か？

心と身体を整えたら、次は思考を整えます。

2番目の登場にはなりましたが、本書で紹介する「7つの武器」のうちでも、極めて重要なのが「レジリエンス」です。精神科医の私としては、イチオシの武器をあなたに授けます。

レジリエンスとは、聞き慣れない言葉ですね。言い換えると「回復力」「復元力」「心のバネ」となりますが、私は「心のしなやかさ」と訳します。

もともとは「バネが縮んだときに元に戻る力」「バネの弾力」を指す工業用語で、そこから派生して精神医学、心理学では、「落ち込んだときに、そこから立ち直る力」「ストレスに打ちのめされたときに回復する力」のことをいいます。

さらには、**ストレスをスルーする（やりすごす）ことができるようになるのもレジリエンス**です。相手に辛辣《しんらつ》なことを言われて落ち込んでしまうのか。それとも、軽く受け流してスルーできるのか。

レジリエンスが高ければ、いちいちクヨクヨしない。つらいことでも、心に余裕をもって冷静に対応できる。仮に落ち込んだとしても引きずらない。立ち直りが早い。人間関係も融通を利かせて、余裕をもって対応できる。それが、レジリエンスが高い人の特徴です。

レジリエンス、すごくないですか?

ストレスに強くなってはいけない

私は心が弱いので、ストレスに強くなる方法を教えてください

こんな質問が、私のYouTubeチャンネルにたくさん寄せられています。しかし、ズバリ言いますが、ストレスに強くなる必要はありません。いや、ストレスに強くなってはいけないのです。

レジリエンスを、「ストレス耐性」と勘違いする人がいます。しかし、レジリエンスとストレス耐性は根本的に違います。これを説明するとき、私はいつも闘牛にたとえて説明します。

巨大な猛牛が突進してきます。闘牛士は赤い布（ムレータ）をひらりとさせ、猛牛をかわします。牛と接触しないので、闘牛士に全くダメージはありません。これが、レジリエンス（心のしなやかさ）のイメージ。

猛牛がコチラに向かってくる！　鋼鉄の盾を構えて、真正面から防御！　ドッカーン!!　これがストレス耐性のイメージです。

ストレスを受けた上に、我慢するので

す。多少の衝撃であれば、その場は耐えることができるかもしれませんが、それが何度も、あるいは半年、1年と長期間続けば、ほとんどの人は精神を病んでしまいます。**ストレスの攻撃を、闘牛士のようにひらりとかわせば、十回突進されてもノーダメージです。**この「しなやかさ」がレジリエンスです。

「すばやさ」が高ければ攻撃は当たらない

RPGで考えると、もっとわかりやすい。

ストレス耐性は「HP《ヒットポイント》（体力）」、レジリエンスは「すばやさ」です。

HPが高い戦士は、相手の攻撃を何度も受け止めることができる。しかし、薬草を使うか、僧侶が魔法で回復させてくれなければ、そのうちHPはゼロになってゲームオーバーです。

一方、「すばやさ」が99まで高められた「剣士」はどうでしょう。ヒットすれば致命傷になるような強烈な攻撃も、すばやくかわせば全くダメージはありません。先んじて攻撃できるし、相手の攻撃に対しても反撃可能です。会心の一撃も出やすく一瞬で敵を倒します。「すばやさ」マックスで「細身のソード」を使う剣士は最強です。

ストレスに
強くならなくていい

「ストレス」という モンスターと戦う場合は、盾や鎧で防御力を高めるよりも、「すばやさ」を極めた剣士を向かわせればいい。

あなたも「すばやさ」を剣士並みに高めてほしい。**ストレス耐性ではなく、レジリエンスを高めることが、「楽に生きる」「楽しく生きる」ためには必要です。**

一流大学を卒業して、一流企業に就職しても幸せになれない

「一流大学を卒業して、一流企業に就職すると幸せになる！」

親や教師など周りの大人たちはそう言います。しかし、それは本当でしょうか？

残念ながら、それだけで幸せにはなれません。こんな話があります。

Aさんは、誰もが知る一流大学を卒業しました。そして、競争倍率数百倍の超人気企業に就職しました。本人も周りも、前途有望、順風満帆な人生を確信していました。

しかし、Aさんは入社1ヶ月目で、ちょっとしたことを上司から指摘されます。厳しく叱られたわけではありません。ただ、それまで親にも教師にも叱られたことがなかったAさんは、精神的にショックを受けてしまいます。次の日から出社できなくなり、そのまま1ヶ月後には、退職願を出し、会社を辞めることになりました。

これは、作り話ではありません。実話です。

「新入社員が、メンタルダウンして、すぐ辞めてしまうんです」

先日、大手証券会社で、入社したばかりの新入社員を対象にメンタル研修を行ったのですが、研修担当者がこう言います。

「毎年100名採用しますが、2、3人は1年目でメンタルダウンして休職、退職してしまいます。何とかそれを減らしたいんですよ」

せっかく一流大学を出て、一流企業に就職したというのに、1年目でメンタル疾患になって、会社を辞めてしまう。次の会社でうまくいけばいいのですが、一旦メンタルを病むと、なかなか簡単には治りません。

なぜそんなことになってしまうのか？ それは、レジリエンスが低いからです。

社会人として生き抜く力とは

どれだけ学力が高く、極めて優秀であっても、レジリエンスが低ければ、社会人として生きていくことは困難です。

「頭がよい」「スポーツ万能」「話し上手でコミュニケーション力が高い」「美人、イ

「ケメン」などのわかりやすい能力、資質にあなたは憧れるでしょう。しかし、**すべての能力、資質の中で、最も重要な能力がレジリエンス**です。

就職して、社会人になる。仕事をして収入を得ることは、簡単ではありません。ミスをしたり失敗したりして、上司に注意されることは、誰にでもあります。お客さんやクライアントから、クレームや文句を言われることもあるでしょう。

仕事のできない人は同僚から陰口や悪口を言われます。バリバリ仕事ができる人もやっかみや嫉妬から、これまた陰で悪口を言われ、足をひっぱられます。

社会に出るというのは、ＲＰＧのダンジョンに潜るのと同じこと。ダンジョンをクリアするのに、すべてのモンスターと全戦全勝である必要はありません。時に、間一髪で「にげる」を選択したり、パーティーが全滅しそうになることもあるでしょう。

しかしゲームも人生も、そんな困難を乗り越えてこそ、楽しくなる。

そのときに必要な武器が「レジリエンス」です。

ストレスをスルーできれば、人間関係で悩むこともない。最強の社会人になれます。

レジリエンスが低い人の悲しい末路

レジリエンスが低くても、十代のうちはなんとかなります。いろいろな意味で守られているからです。中学・高校時代から優等生で一流大学卒、という人がいちばん危ない。

失敗や挫折、人から叱られた経験がなく、トントン拍子の学生時代を歩んできた人ほど、社会人になってからキツいのです。レジリエンスなし、経験値なし。

職場での様々なストレスに打ちのめされる。ストレスをスルーできない。人の言うことを真に受けて精神的なダメージを負ってしまう。そして、それを引きずったまま回復できない……。

今までうまくいっていた分、プライドが高く、人に助けを求められない。人に相談することもない。一人で悩み続け、さらにストレスと苦痛を増やしてしまう。

会社に行けなくなる。メンタルダウンしてしまう。人間不信、対人恐怖になって、外にも出られなくなる。ひきこもりになる。メンタル疾患はなかなか治らない。再就職も、社会復帰もできない。

その他の能力（パラメーター）はとても高いのに、唯一レジリエンスが低いだけで、人生ゲームオーバーになるのです。

6人に1人はメンタルを病む

メンタルの話をすると、ほとんどの人は「自分には関係がない」と言います。

私は何百回とメンタルに関する講演や研修を行ってきましたが、講演の最初は、ほとんどの参加者が「自分には関係ないけど、仕事だから来た」みたいな顔をしています。

しかし、自分には関係がないと思っている人ほど、「整える」「予防」のための生活習慣をおろそかにし、メンタルを病みやすいのです。

一生の間に、精神科を受診する人の割合は何パーセントかご存じですか？

いくつかの調査がありますが、**生涯の精神科受診率は約15％です。日本人の約6人に1人が精神科を受診しています。**これは、ものすごく高い割合です。

そしてこれは実際に精神科を受診した人の数で、うつや不安、睡眠障害になっても、精神科を受診しない人はたくさんいます。内科で睡眠薬をもらっている人もいます。病院を受診しないまま、いきなり自殺する人もいます。

厚生労働省の「過労死等防止対策白書」（2022年度）によると、就業者（9852人）を対象に「うつ傾向・不安」があるかを調べたところ、「うつ傾向・不安なし」

就業者を対象にした「うつ傾向・不安」の調査

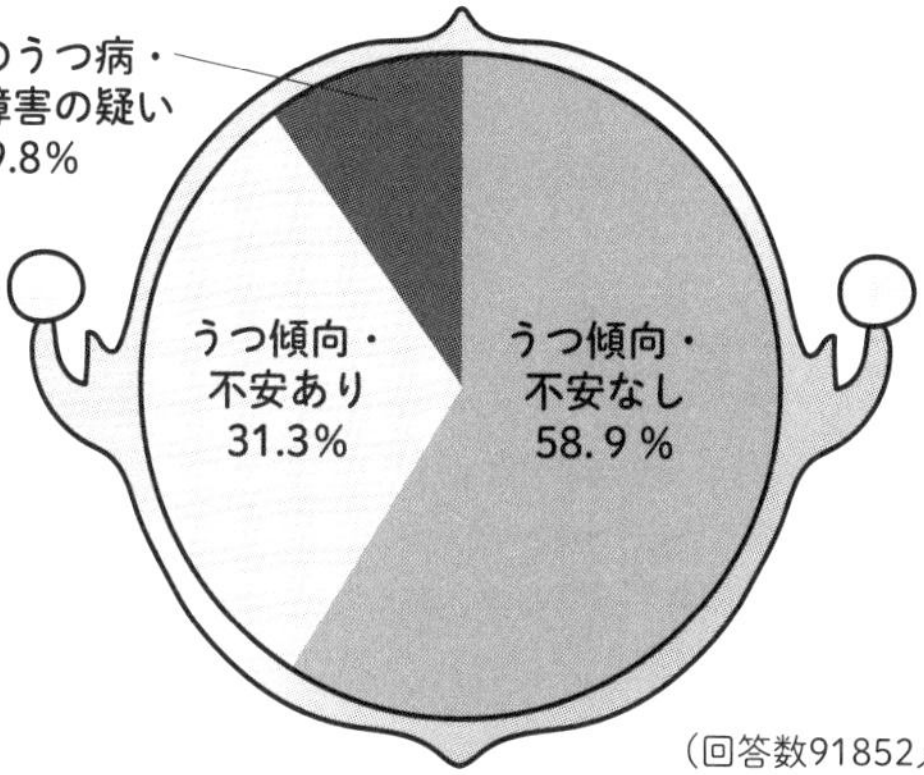

（回答数91852人）

厚生労働省「過労死等防止対策白書」(2022年度)より

の割合は、58・9%でした。

つまり、41・1%の人が「うつ」や「不安」などメンタルの問題を今抱えているということ。さらに、「重度のうつ病・不安障害の疑い」は9・8%。仕事をしている人の約10人に1人がメンタルを病んでいる、という衝撃の結果が示されています。

そんな時代に、「自分だけはメンタルを病まない！」と言えるのでしょうか？

本書の読者には、必ず19歳までにレジリエンスを意識して、高めてほしいのです。

レジリエンスが高い人の輝かしい未来

レジリエンスが高い人は、どんなストレスに見舞われても、するっとかわすことができます。

人から悪口を言われても、大きな失敗をしても、思い描いた通りに物事が進まないつらさや、人間関係がうまくいかない悩みなど苦しいことがあっても、気持ちをすぐに切り替えることができる。

それどころか、同じ失敗を二度と繰り返さないように、あわてずニュートラル（中立）な視点から論理的に出来事を振り返り、フィードバック（修正・改善）できる。

失敗を試練ととらえ、経験に変えて、自己成長をドンドン加速させるのです。

そういう人は、周りから信頼されるし、協力も得られやすい。仲間の協力を得て、勉強も仕事もドンドン、うまくいく。

そうなると、毎日が楽しい！　勉強が楽しい！　仕事が楽しい！楽しいから継続できる。楽しいから熱中できる。

努力や継続も、楽しくなる。だから、どんどん結果につながる。

勉強も学校行事もやりがいを感じる！　毎日が楽しい！

ストレスフリーなので、心も身体も健康で調子がよい。絶好調！

幸せとは、こういうことではありませんか？

人生がうまくいく法則――それは、「レジリエンスを高める！」。ただ、それだけです。

レジリエンスを高める3つの方法

では、レジリエンスを高めるためには、どうすればいいのでしょうか？

ここでは3つの方法をご紹介します。

方法1 100回失敗する

レジリエンスを高めるためには、とにかく失敗してください！

「19歳までに、100回失敗しろ！」

これが、精神科医の私からあなたに贈る重要なメッセージです。

ほとんどの人が失敗を、悪いこと、避けるべきことだと考えています。しかし、転んだことがない人は、起き上がる方法を知りません。**転んで、起き上がる。これが経験です。レジリエンスの、最大のトレーニングになります。**

100回失敗すると、100回立ち直ることができます。失敗した数だけ「回復力」を鍛えるトレーニングができる。なんと、素晴らしいことでしょう。

失敗することは、誰にとっても不安や恐怖があるでしょう。柔道で相手と組み合ったときに、「投げられるかもしれない恐怖」と同じです。ではどうするかというと、投げられても怪我《けが》をしないよう、ダメージが少なくなるよう、受け身の練習をします。受け身がしっかりとできるようになれば、投げられる恐怖は減っていきます。

◎「失敗」はフィードバックで「経験」に変わる

ただし、失敗を失敗のまま放置してはいけません。

なぜ失敗したのか、なぜうまくいかないのか。なぜミスをしたのか。なぜ怒られたのか。同じ失敗を繰り返さないためにはどうすればいいのか？

その理由を自分で必死に考え、失敗と徹底的に向き合い自問自答する。そして、次のチャレンジに活かしていく。これを「フィードバック」と言います。

・フィードバック……修正、改善、見直し。問題点を発見し、次の対策を練ること

フィードバックをすると、失敗は「経験」に変わります。

経験値がたまれば、「レベルアップ」します！　ＲＰＧの常識ですね。

パラメータ（能力）やスキル（技）を高めたければ、レベルアップすればいい。

そのためには、経験値をためる必要がある。経験値を増やすためには、ダンジョンに潜る。積極的に挑戦していく。

失敗は、「経験」のもと。あなたが失敗したら、「100EXP（経験値）を得た」と思えばいいのです。10回失敗すると、1000EXPを得て、ファンファーレが鳴って、レベルアップです！

だから、失敗していいのです。いや、むしろ失敗すべき。

ただし、必ずフィードバックをして、失敗を経験に変えるのです。

具体的なフィードバックの方法については、「Step3 行動する」で解説します。

◎学生だから100回失敗できる

失敗すれば、成長できる！　もしそうならば、社会人になってからでもいいじゃないか。そう思うかもしれませんが、それは間違いです。

100回失敗できるのは、十代の特権です。会社員になってから100回失敗すると、さすがに会社にいられなくなるでしょう。あるいは、「お荷物社員」として冷たい扱いを受けることになるのです。

社会人や会社員になると、責任が伴います。あなたの些細なミスで、会社に1千万円の損失を与えてしまうこともあります。そのショックから立ち直るのは簡単ではありません。

19歳までに100回失敗しろ！

- テストの点数がひどかった
- 好きな人に告白してふられた
- 友達と喧嘩して険悪になってしまった

あなたは、失敗したことで傷つくかもしれませんが、他者を大きく巻き込んで、多大な損害を生んだり、回復不能なダメージを受けることはめったにありません。

若いうちは転んでもかすり傷で済むものが、歳をとってから転ぶと大怪我をします。

だから失敗は、若いうちにしておいたほうがいい。**100回失敗できるのは、十代の特権。あなたは今、いくらでも失敗できる絶好のチャンス期にいるのです。**

方法2　第3の選択肢を持つ

成功か失敗か、好きか嫌いか、イエスかノーか。

物事を二者択一で判断する思考パターンを「0／100《ゼロヒャク》思考」といいます。精神医学では「二分法的思考」ともいい、メンタル疾患になりやすい人の特徴です。

わかりやすく言えば、考え方が極端なのです。

0／100思考の人は、ネガティブに考える力も強いです。100点満点で99点をとっても、「1点失敗した」と考えてしまう。

物事の99％を成功させているのに、たった1％のミスで「失敗した」と判断してしまうので、ネガティブ思考の人が「イエスかノーか」で考えると、必ず判断は「ノー」となります。

★

学校に行きますか、行きませんか？　↓　「行きたくないです」

死にたいですか、生きたいですか？　↓　「生きたくないです」

★

0／100思考で「ノー」「ノー」「ノー」を繰り返していくと、メンタル疾患に陥り、最終的には自殺に至ります。

物事には、「イエス」と「ノー」以外の結果があります。「普通」「中間」「ボチボチ」という状態です。

成功ですか、失敗ですか？　→「65点くらい、ボチボチの結果です」

★　★

何かを判断するとき、「０」か「１００」かではなく、中間はないのか？　と考えるとものすごく楽になります。「第３の選択肢」が現れて、可能性が広がります。「まあまあ」「ボチボチ」と考えれば、自分を責めることもなく、楽になる。ストレスも減ります。

０／１００思考を手放すだけで、レジリエンスは高まり、人生が楽になります。

◎第３の選択肢で可能性は無限に増える

０／１００思考に陥りそうになったときは、次の言葉をつぶやいてください。

「それ以外の方法は？」「そうでない考えは？」「そうでない選択肢は？」

まあまあ、ボチボチでいい

そうして第3の選択肢を得ることができたら、あなたの可能性は無限に増えます。

ちょっと試算してみましょうか。

0／100思考の二者択一で10回決断をしたとします。その未来は、2の10乗で計算できますので、2×2×2×2×2×2×2×2×2×2＝1024パターン。

次に、3つの選択肢で、10回決断した場合、その未来は、3の10乗ですから5万9049パターンにもなります。

これだけで、あなたの可能性は、58倍にも膨れ上がっています。

1日1回の決断を100日する場合。二者択一で生きる人は2の100乗（$1・2\times10^{30}$）パターン、3つの選択肢を持つと3の100乗（$5・1\times10^{47}$）パターン。

第3の選択肢が、0／100思考の何倍の可能性をもたらすかわかりますか？

答えは、「40京倍」です。もはや数が大きすぎてピンときませんね。

第3の選択肢を考えるだけで、人生の可能性が無限に増えていく。これもレジリエンスを高める考え方、トレーニングの一つです。

方法3　ニュートラル（中立）な視点

私はネガティブなので、もっとポジティブになりたい！

こういった声も最近よく耳にします。しかし、ポジティブになる必要はありません。物事を先入観で決めつけないで、客観的に見られるようになったほうがいい。目指すべきは「ニュートラル（中立）」です。

・ニュートラル……先入観を持たずに、冷静、公平に、物事を高みから見るような心境のこと

初対面の人と会ったとき、多くの人は即座に「好き」「嫌い」で判断してしまいがち（０／１００思考）。そこで、「少し話してから判断しよう」と考えるのがニュートラルです。情報が少ないと、人間は間違った判断をしやすいものです。

「今すぐ判断しない。情報を集めてから判断しよう」

「カッとなっているので、冷静になってから、考え直してみよう」

先入観を持たないことも大切です。先入観は、インプットをゆがめます。「好き、嫌い」「良い、悪い」は、十分に情報を得てから、最後に判断すればいい。

そのためには、全体を俯瞰する、客観的に見る練習が必要です。

以下、**ニュートラルを身につける3つの方法**を紹介しておきます。

1　アウトプットする、日記を書く

物事を客観視する、ニュートラルな視座を得るための、最も効果的な方法が「アウトプット」です（Ｐ２４３で詳述）。いくら頭の中で考え事をしても、客観視はできません。

高校生でも簡単にできるアウトプットのトレーニングは、日記を書くこと。一日の出来事を振り返ることで、自分自身と向き合います。それによって自己洞察が深まり、０／１００思考やネガティブ思考に気付くことができます。

2　アウトプット・サイクルを回す

アウトプットをしたら、必ずフィードバックをする。インプット↓アウトプット↓フィードバックのサイクルを回すことが、レジリエンスを養う格好のトレーニングとなります。それは「転んで、立ち上がる」練習そのもの。そのたびにフィードバックすることで、「ものの見方」が修正されます。ニュートラルな見方が身につきます。

3 悪口を言わない

とにかく悪口が好きな人が多いですね。悪口は、ストレス発散にならないどころか、自分の自己肯定感を下げます。言えば言うほど、「悪いところ」「ネガティブ」探しの名人になりますから、自分の悪いところばかり気になってネガティブ思考がより強化されます。

一方で、悪口と逆の行為は、人をほめる、励ます、応援する、親切にする、相手のよいところを言ってあげる、です。それによって人間関係も深まり、自分の自己肯定感も高まります。いいことずくめです。

人の悪口は絶対に言うな

・・・まとめ・・・

① レジリエンスの低い人が、
メンタルをやられる。

② レジリエンスの高い人は、
ストレスフリーで楽しく生きられる。

③ 100回失敗しよう。「失敗」は
フィードバックで「経験」に変わる。

④ 転んでも立ち上がればOK。
たくさん転んで、立ち上がる力を鍛えよう。

⑤ 第3の選択肢を持とう。
0/100思考を手放そう。

⑥ 先入観を捨てよう。ニュートラル(中立)
な視点で、視野が広がる。

⑦ 悪口を言わない。
悪口は、自己肯定感を下げる。

―思考を整える―

・・・第3の武器・・・

コントロール力

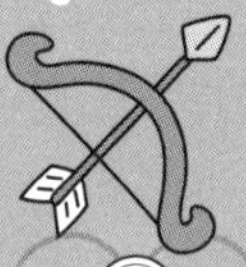

弓

狙いを定める

》スマホやゲームにコントロールされるな

この項目は、あなたにとっていちばん読みたくないことが書かれています。しかし、本書の中で最も重要な部分なので、読み飛ばすことなく絶対に読んでほしい。そして「コントロール力」という最強の武器を身につけてください。

あなたは「スマホ依存症」

レジリエンスと同様に、十代のうちに手に入れるべき力として、第3の武器「コントロール力」をあなたに授けます。

集中力をコントロールし、狙いを定め小さな的《まと》を鋭く射ぬく。「弓」のイメージです。

コントロール力がない人は、間違いなく人生を棒に振ります。

その最大の弊害として挙げられるのが、スマホやゲームの使用を自分でコントロールできない、何時間もやり続けてしまうという状態です。

勉強時間は減り、学力が低下する。睡眠時間が削られる、心と身体に不調をきたす。ブルーライト（液晶画面から出る強い光）の影響で睡眠の質も下がる。やる気がなくなり、やがては学校にも行けなくなる。メンタル疾患に陥り……。

「自分はそうはならない！」とは言いますが、「依存症」の一歩手前の人はたくさんいます。

インターネット利用時間が5時間を超える高校生の割合は、54・4％です（こども家庭庁2023年）。

私の考えでは、**スマホを保有する高校生の半分は「依存症」か、その予備軍**です。

スマホやゲームによって、睡眠時間が削られたり、勉強時間が削られている人は、すでにスマホ毒にかなり汚染されています。スマホに操られているのです。

やめたいときにやめられないし、いったん手を離しても、また無意識に取り出して触ってしまうのですから、もはや条件反射です。つまり、あなたは自分の意思でスマホを使っているつもりが、実はスマホにコントロールされている。

精神医学では、その状態を「**依存症**《いそんしょう》」と言います。

あなたも「スマホ依存症」かも。言うなれば「スマホの奴隷」「ゲームの奴隷」です。

高校生のインターネットの利用時間

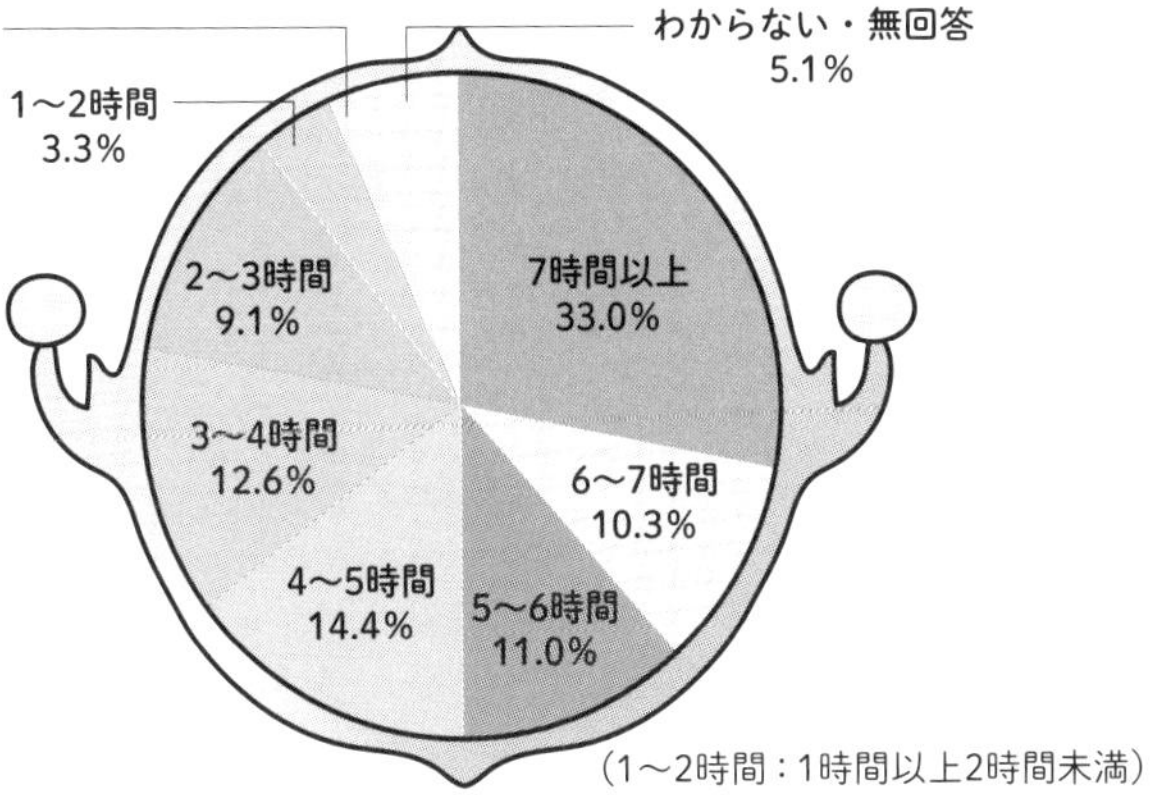

こども家庭庁「青少年のインターネット利用環境実態調査」（2023年度）より

スマホに支配される高校生が5割

高校生は、どのくらいネットを使っているのか？　内閣府の調査（「青少年のインターネット利用環境実態調査」）によると、高校生のインターネットの平日一日の平均利用時間は、6時間14分。調査を開始して以来、過去最長となっています。1年前と比べて29分も増えているのです。

高校生の場合、ほとんどがパソコンではなくスマホでインターネットを見ているでしょうから、以下、「インターネットの利用＝《イコール》スマホ利用時間」と表現します。

同調査を見ると、スマホ利用時間が「5時間以上」の人は54・4％と過半数を超えています。

6時間14分といえば、学校から帰って、勉強、食事、入浴以外のほとんどの時間は、スマホを手にしているというイメージです。あるいは、食事中もスマホを見ている。勉強中にチラ見している人もいるでしょう。

高校生の詳しいデータを見ると、「3時間未満」はたったの18・6％。明らかに使いすぎと考えられる「5時間以上」が54・4％。そして「9時間以上」が18・8％もいます。

9時間以上となると、重度のスマホ依存症が疑われます。

つまり、5時間以上使用している2人に1人は、すでに使いすぎで依存症予備軍。5人に1人は、重度のスマホ依存症です。

厚生労働省研究班が発表した2017年度のデータによると、ネット依存が疑われる高校生は、男子13・2％。女子が18・9％。

最近のデータになるほど依存率は高まり、兵庫県立大学の調査（2020年）では、高校生のネット依存の割合は、28・5％と報告されています。

これらのデータから、高校生の約3割はすでにネット依存です。

予備軍（依存症の一歩手前の状態）も含めると、7割の高校生はスマホの使いすぎで、危険な水準にあるのです。

あなたのスマホ利用時間は何時間ですか？　それでも、あなたは「自分は絶対に大丈夫」と言えますか？

スマホの適正使用時間は？

それではスマホ利用の適切な時間とは、どれくらいでしょうか。ある研究によると、2時間以上のスマホ利用で、うつ病

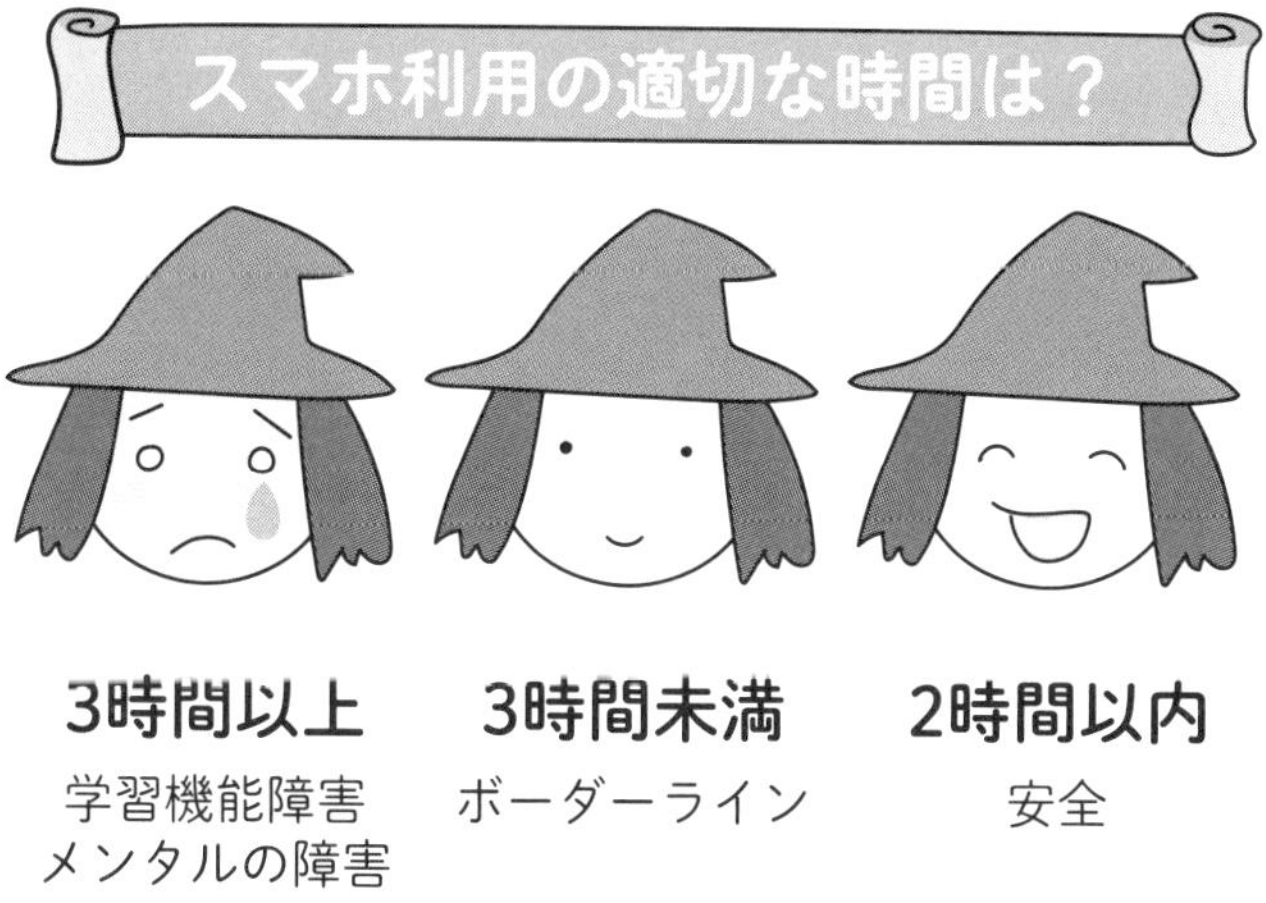

の発症リスクが高まるという報告があります。

「脳トレ」で有名な東北大学・川島隆太教授の研究では、「3時間以上のスマホのながら利用」をする人は、勉強時間を増やしても学習効果が得られない、と報告しています（P125参照）。

つまり、**スマホの長時間使用で、「勉強時間が減る」から成績が下がるのではなく、「注意・集中力の低下」など脳の正常な機能を破壊する可能性が示されています。**

安全なスマホ利用は何時間か？

あえて言えば、2時間以内なら安全。3時間未満でギリギリ、ボーダーライン、3時間以上で脳や感情の障害など明らかにマイナス、脳へのダメージが出現する、と言えそうです。

スマホが脳と健康を破壊する15の理由

「スマホは楽しい！」「スマホがないと友達ともチャットできない」「楽しいことをして何が悪い！」という反論もあるでしょう。しかし、スマホの害については、世界各国で研究が進み、科学的にも明らかになってきました。

スマホが脳と健康を破壊する15の理由

① 集中力、注意力が低下する。勉強、仕事の効率が低下する
② 睡眠時間の減少。睡眠の質の悪化。睡眠障害の原因
③ 学習意欲の低下、生活全般の意欲低下。無気力
④ 不安、イライラの増加。感情が不安定になる
⑤ 成績が下がる。学力が低下する
⑥ コミュニケーション力の低下。人間関係の悪化
⑦ うつ病、不安障害などのリスクが高まる
⑧ 脳の活動の低下（前頭葉機能の低下、神経伝達物質GABAの低下など）
⑨ 学校に行けなくなる（不登校、ひきこもりの原因）
⑩ 自殺率増加の可能性
⑪ 幸福度の低下
⑫ 目が疲れやすい。視力低下
⑬ 姿勢が悪くなる、猫背になる。ストレートネック、首への障害
⑭ 長時間の座位による健康被害
（1時間座り続けると22分寿命が縮む）
⑮ 依存症になる

詳しくは『スマホ脳』（アンデシュ・ハンセン著、新潮社）や『スマホはどこまで脳を壊すか』（榊浩平著、川島隆太監修、朝日新聞出版）などの書籍に詳しく書かれていますので、ここではスマホ毒のポイントを15個だけ紹介します（前ページ）。

スマホは脳を破壊する！

私はYouTubeでも著書でも、健康になるための原理原則として、「睡眠、運動、朝散歩！」を標語のように何百回と発信しています。

スマホを長時間使用すると、睡眠時間が減ります。座り続けるので運動不足になります。夜更かしにもなるので「規則正しい生活（朝散歩）」の障害にもなります。

すべて健康とは真逆の行動ですから、**スマホの長時間使用は最も健康に悪い生活習慣**ということになります。

「健康に悪い」と言っても、若いみなさんにはちっとも響かないかもしれません。では十代のあなたが失って困るもの、「学力」と「人間関係」ではどうでしょう。スマホの使用時間が長くなるほど、学校の成績が悪くなる相関関係が示されています。

スマホながら勉強と学力の関係

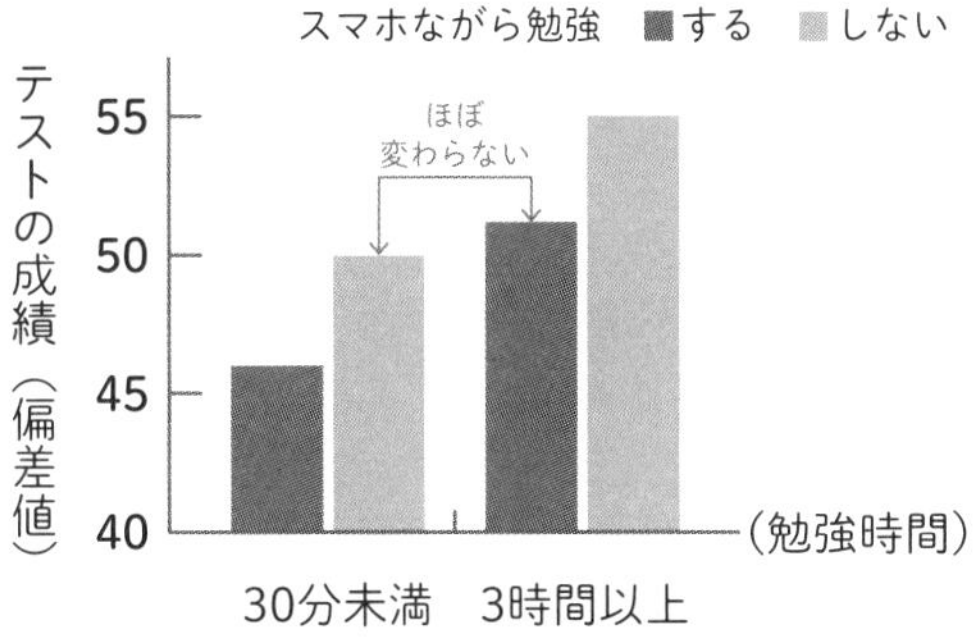

(『スマホはどこまで脳を壊すか』より)

スマホを横目に3時間勉強しても、勉強の効果は30分に減る

勉強時間を増やしても、3時間以上のスマホ利用で台なしになる

上の図の研究を見てください。ながらスマホで3時間勉強している人と、スマホなしで30分以下の勉強時間の人の偏差値がほぼ同じなのです。(『スマホはどこまで脳を壊すか』榊浩平著、川島隆太監修、朝日新聞出版)

スマホが机の上に置かれているだけで、集中力を奪い、記憶の定着を妨げる。スマホを使いすぎるとバカになる! とい

うわけです。実際に科学研究によって、「海馬（記憶を司る部位）が萎縮する」「前頭葉の血流低下」や「抑制系の脳内物質GABAの低下」など、スマホによって脳の働きが低下する客観的なデータが示されています。

十代は、脳と身体を作る「成長のゴールデンタイム」だとお伝えしました。その最も大切な時期に、高校生の7割は脳を破壊しているのです。

さらに、スマホは感情のコントロールも悪化させます。**スマホを使うほどイライラや不安が増える。コミュニケーション能力も低下する**のです。

チャットの些細な書き込みが、友達の気分を害して喧嘩の原因になった、という経験はありませんか？　コミュニケーションの行き違いで、ディスられたり、仲間はずれにされるなど、イジメの原因になることも多いのです。

あなたは、友達と仲良くなるために、友達との人間関係維持のために、毎日何時間もメッセージを送り合っているというのに、結果は真逆です。スマホの長時間使用で逆に人間関係が悪化するのです（その対策はP176～詳述）。

スマホの長時間使用によって、「健康」「つながり（友人）」「学力（成功・達成）」という、十代のあなたにとって最も大事な3つの幸福のすべてが奪われてしまうことをよく覚えていてください。

スマホが脳を破壊する

学校でのスマホ使用禁止は世界のスタンダードに

国連の教育科学文化機関のユネスコは2023年7月、「**生徒のスマートフォンやコンピューターの過度な使用は、成績に悪影響をもたらし、教室や家庭での学習活動を妨げる可能性がある。長時間のデバイスの使用が『好奇心の低下や不安感の高まり』などのメンタルヘルスの悪化につながる**」と報告書をまとめ、学校でのスマートフォンの使用を禁止するよう呼びかけました。

報告書によると、すでに世界の4カ国に1カ国が学校での携帯電話、スマホの使用を禁止、制限する法律や政策を実施しているそうです。

実際、アメリカの7割以上の州、イギリス、フランス、オランダ、スウェーデンなどで、学校へのスマホの持ち込み、使用禁止などの法律がすでに施行されています。「法律で禁止する」ということは、思春期の子供たちの成長、発達、成績に悪影響を与える十分な科学的エビデンスが蓄積されたことを示しています。

その危険性を知らないのは、日本人だけです。その対策で、世界に大きくおくれをとっています。十代に限らず、そもそも大人ですら「スマホの危険性」について知らない人が大部分。せめて、この本を手に取った「あなた」だけでも、「スマホが脳を破壊する」という世界の常識を知ってほしいのです。

スマホ、ゲームのしすぎは「病気」

２０２２年、精神科の診断基準に新しい病名が追記されました。
それが「ゲーム障害」です。簡単に言えば、

☆ゲームをしたい衝動がコントロールできなくなった状態
☆過剰なゲームへののめり込みによって、社会活動に支障をきたす状態

厚生労働省の調査では、「ネット依存」が疑われる人は、成人で推定約４２１万人、中高生で約93万人もいて、その90％がゲーム障害だとされています。

全国の中高校生の数は約６００万人ですから、実に６・５人に１人がネット依存なのです。

高校生女子の場合はチャットや友人とのコミュニケーション、男子の場合はスマホ（あるいはゲーム機）を使ったゲームに夢中になる傾向があります。

スマホもゲームも、時間を決めて、制限して、適度に楽しむのはかまいません。いつの間にか、コントロールを失い、制限なくのめり込んでしまうことが最大の問題です。

ドーパミンの大暴走。誰でも依存症になる

しかし、スマホやゲームの利用しすぎの状態になっていたとしても、「あなたの意思が弱いからだ！」と責められるものでもありません。

なぜならば、十代の皆さんは、誰でも依存症になりやすいからです。

依存症は、「報酬系」と呼ばれるドーパミン神経系の暴走です。

楽しいことをすると、三大幸福物質の一つであるドーパミンが分泌されます。心臓がドキドキするような高揚感とともに、幸福感がわいてきます。ここまではいいのですが、続いて、「もっと欲しい」という、幸福感へのさらなる欲求が生まれるのです。

これが暴走の始まり。「もっと欲しい」は「もっともっと欲しい」に加速していきます。

一方で、人間の脳には、この「もっと欲しい」「もっとやりたい」というドーパミンの暴走を防ぐためのブレーキが備わっています。これを「抑制系」と言います。

しかし十代の脳の成長はまだ不完全です。主に前頭前野が制御するこの抑制系の神経も未発達です。つまりすべての十代が、依存症に対して、十分にブレーキが利かないのです。

デパートに行くと小さな子供が「おもちゃ買って！　おもちゃ買って！」と泣き叫んで駄々をこねている姿を見かけま

薬物もお酒もスマホも同じ「依存症」

す。あれは抑制系が未発達で、「我慢する」「コントロールする」能力が低いために起こしている行動です。

そこまでひどくはないにしても、十代が「もっと欲しい」欲求や欲望を暴走させないためにはどうすればいいのか？

それは、**「小さなブレーキ」を踏むこと**です。

「スマホ・ゲームは3時間以下」（利用時間の制限）、「夜10時以降は使わない」（スマホ門限の設定）など、ルールや制限を守ることで、ドーパミンの暴走、つまり依存症を防ぐことができます。

ドーパミンは「もっと、もっと、もっと」という欲求の物質。あなたにスマホ、ゲームを「もっとやりたい！」という衝動が出ていたら、もはやドーパミンは暴走を始めています。

アルコール依存症で人生を棒に振った人の話や、違法薬物の使用で逮捕された芸能人のニュースを聞いて、自分には全く関係ないことと思っているでしょう。しかし、アルコール依存症も薬物依存症も、スマホ依存症、ゲーム障害も、ドーパミンの暴走という点で、脳の中で起きていることは全く同じです。

スマホ依存症、ゲーム障害に歯止めをかけられない人は、将来、アルコールや薬物

自分にルールを課して
ブレーキを踏め！

など、なにかしらの重大な依存症になる可能性が高いと言わざるを得ません。ですから、ルールや制限を自分に課すこと、つまりコントロール力を身につけないと人生を台無しにしてしまう可能性が高くなります。

まずは3時間以内という制限の中で、スマホを使ってほしい。コントロール力が、まだ不完全な脳のブレーキの代わりとして働いてくれるのです。

スマホ利用をコントロールする3つの方法

スマホ利用のコントロールは、時間のコントロール。
それはつまり、人生をコントロールするのと同じこと。
スマホに支配されている人が、自分の人生をコントロールできるはずがありません。
まずは、目前の課題である、スマホ利用のコントロールから始めてください。
スマホ利用をコントロールする方法は、以下の3つ。
一つずつやっていけば、それほど難しくはありません。

方法1 スマホの利用を記録する

行動や習慣を変えたければ「記録する」ことが重要です。行動を視覚化し、客観視するのです。有効なダイエット法に「レコーディング・ダイエット」というものがあります。すべての食事を記録するだけで自分が食べたものを具体的にイメージできるので、「これは、どう見ても食べすぎだ！」と気付くのです。

まずスマホの利用時間と内容を書き出します。たとえば「スクリーンタイム」などの利用時間を計測できる機能を設定しておけば、アプリごとの利用時間も表示されます。

紙を1枚用意して、アプリごとの「利用時間」を書き写します。その右側に「利用目的」、具体的な「利用内容」を書いてみましょう。

重要度の評価はあなた自身の考えでOKです。友達とのグループLINEは、チェックしないと「仲間はずれ」になってしまうかもしれないから「◎」、というように。お気に入りのアニメ、もしくは毎週更新を楽しみにしている推しのYouTubeチャンネル。「どうしても見たい！」「見ないと人生の損失になる」「自分の重要な娯楽である！」というものは誰でもあります。必要な娯楽時間だから「○」。

「スマホ確認ワーク」の例

LINE 120分	友達とのチャット ◎
TikTok 60分	つい見てしまった ×
YouTube 60分	30分はいつも見ているチャンネル ○
	30分はなんとなく視聴 ×
Amazon Prime 60分	2本 40分 お気に入りのアニメ ○
	1本 20分
	最近流行っているアニメ △

「重要度」を4段階で評価
◎絶対に必要　○必要　△普通　×なんとなく

最近、流行のアニメだけど、「どうしても見たい！」わけではない。どちらでもいい「△」。

たまたま開いたTikTokや関連動画に表示されて無目的に見てしまったもの、これは「×」です。

このように「スマホ確認ワーク」を行うと、自ずと気付くはずです。

「友達との交流は欠かせない。でも、TikTokを1時間も見るのは時間の無駄かも」

自分の時間は「絶対に必要なこと、圧倒的に楽しいこと」のために使うべき。

まずは、無目的の「×」を減らすことです。これだけでスマホ利用時間の3分の1は減らせるはず。

その次に「△」を見直す。時間は有限です。あなたにとって重要なことのために、時間を振り向けましょう。

方法2 ルールを決める

スマホを使いすぎる理由。それは、ルールなしで無制限に使うからです。ネット利用のルールがある家庭では、ない家庭と比べて、ネット利用時間は、平均で94・5分も短くなっています（こども家庭庁2023年）。ルールを決めて、それを守れば、使いすぎることはないのです。

私からは次の3つのルールをおすすめします。

1 夜10時以後は使わない（門限）

あなたの入床時間の30分前を、スマホの門限にしましょう。23時に入床するなら、22時半がスマホの門限です。

寝る前30分のスマホは絶対にやめましょう。ブルーライトの刺激によって不眠の原因になるからです。

ブルーライトは午前中の青空と同じ波長で、寝る直前にスマホを見ると、脳が朝だと勘違いして眠れなくなるのです。体内時計もズレて、疲労も回復しません。

2　勉強中は部屋にスマホを置かない

スマホが机の上に載っているだけで、著しく集中力が低下します。ときどきスマホを見ながら勉強する「ながらスマホ」が、勉強の効果を台無しにします。

つまり、スマホの利用時間を減らさなくても、勉強中にスマホを部屋に置かないだけで、集中力が高まる。スマホの害を軽減できるのです。

勉強中は、スマホを居間に置いて充電する、親に預けるなどすれば、スマホ依存症から脱するきっかけにもなります。

3　一日3時間以上使わない

最初は守れなくてもいいので、使用時間の上限を決めることが重要です。

スマホの設定でアプリの使用上限時間を決めることもできますから、自分で設定してみてはどうでしょう。あっという間に上限になれば、自分がスマホ依存症であることがすぐに自覚できます。

方法3 スマホよりも楽しいことを見つける！

先日、ゲーム障害の専門家の話を聞く機会がありました。

「1日10時間以上ゲームをし続けてしまうゲーム障害の高校生。入院して治すことはできるのですか？」

この問いに、専門家の答えがこちら。

「治ります。ゲームより楽しいことが見つかれば、自然にゲームはしなくなります」

なるほど、**「ゲームよりも楽しいこと」「スマホよりも楽しいこと」があれば、依存症にならない。依存症から立ち直ることもできる**のです。

スマホやゲームよりも楽しいこと。それは「リアルな人間関係」と「没入できる趣味」「読書」「アウトプット」です。

◎「リアルな人間関係」という癒やし

「Step2　つながる」に関わることですが、スマホでコミュニケーションするのではなく、友達や仲間と対面で過ごすリアルの時間を大切にしてほしいのです。

3時間メッセージをやり取りするよりも、30分対面で話したほうが、はるかに人間関係は深まります。友達との友情を大切にしたいのなら、その友達と一緒にスマホを手放しましょう。

「精神科医でユーチューバーのカバサワという変なおじさんが、対面で話したほうが人間関係が深まるって言ってるよ。スマホのしすぎは、脳、感情、人間関係を破壊するんだって」と、教えてあげましょう。

友達とリアルで対面しているとき、脳の幸福物質「オキシトシン」が分泌されます。

・オキシトシン……人とのつながりや愛情、友情を深めて、愛に包まれたような幸福感を生じさせる物質。また、脳を癒やし、ストレスを解消する

しかし、ネットの交流を何時間しても、オキシトシンはほぼ分泌されません。

★コントロールは自信と幸せの源

自分に自信がありません

自信が持てないので人と話すのも苦手です

コントロール力は、心理学でいう「自己効力感」と深く結びついています。

・自己効力感……「自分ならできる」「きっとうまくいく」という感覚のこと

自己効力感が高まると自分に自信が持てるようになるので、新しいことにチャレンジしたり、失敗を恐れない気持ちにつながります。100回失敗する勇気を生むのです。

「できる!」という感覚がアップすることで、自己肯定感も上がります。自己肯定感は、「幸福」「幸せな感覚」の重要な要素です。

コントロール力を高めると、自己効力感が高まり、自己肯定感も上がり、自信がついて幸福感もアップする! コントロール力ですべてがうまくいく!

「スマホしたい!」「ゲームしたい!」という誘惑をコントロールする。自分の時間をコントロールする。本当に重要なことに、あなたの大切な時間を使うのです。

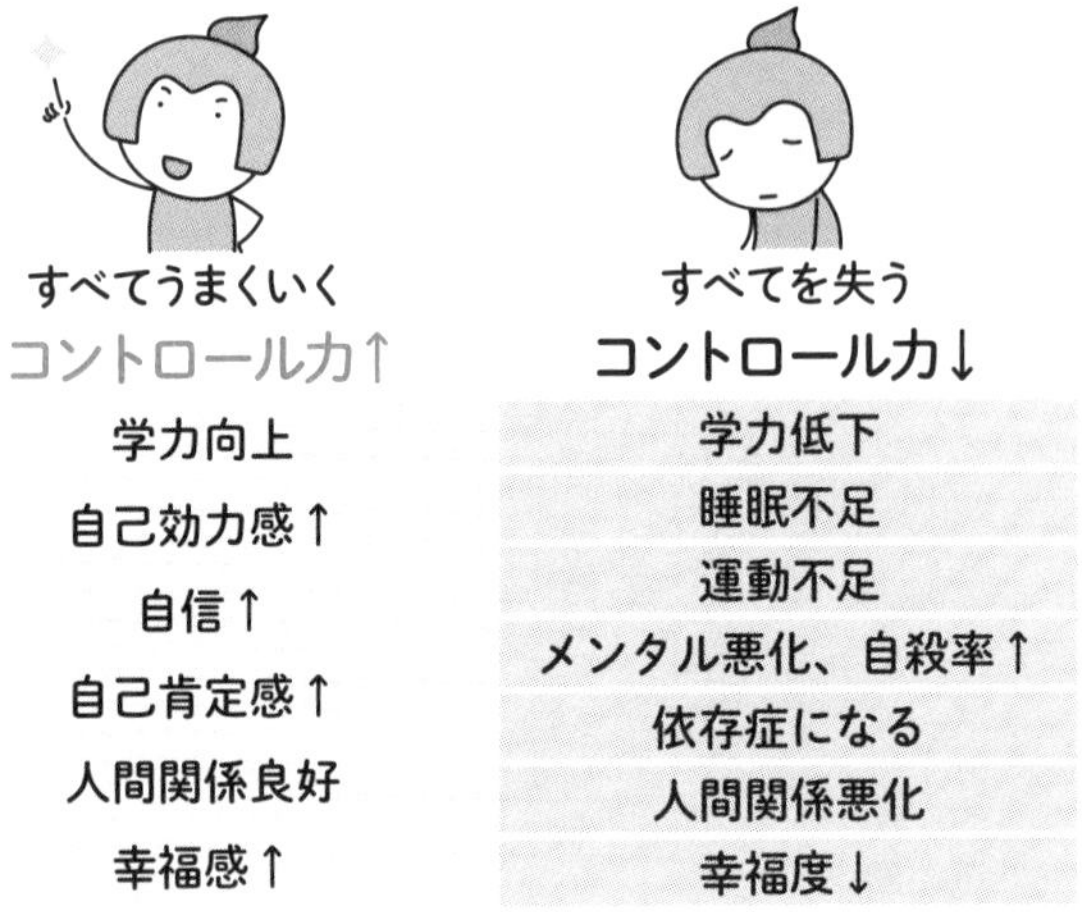

コントロール力があれば、ブレない意志の強さが得られる。「人生」という難易度の高いダンジョンも、楽々と攻略することができます。

・・・まとめ・・・

① 高校生の7割はスマホ依存症。
（もしくは予備軍）

② スマホ、ゲームのしすぎは、人生を棒に振る。

③ スマホの使いすぎは脳を破壊する。

④ スマホが机の上にあるだけで、
勉強の効果がなくなる。

⑤ スマホ利用は一日3時間以下を目指せ。

⑥ スマホよりも、リアルな対面での
人間関係を大切に。

⑦ スマホよりも楽しいことを見つけよう。

⑧ コントロール力で、自信がつく！

つながる

Step2

第4の武器｜つながる力

第5の武器｜読解力

— 人とつながる —

・・・第4の武器・・・

つながる力

指輪

つながり

本音の思いを伝え、相手の思いも受け取る

「失われた3年間」を取り戻せ

コロナ禍の3年間は友達と自由に遊べず、遠足や修学旅行も中止。楽しい思い出が作れなかった。なんと残念な時間を過ごしてしまったのだろう

コロナ禍――私は精神科医としてあの期間を「コミュニケーションを失った3年間」と認識しています。

友達と遊ぶ、おしゃべりする。部活やサークル(同好会)で、責任ある役割を担い、協調性を養う。文化祭や修学旅行などもすべてが「コミュニケーションの練習」です。学校でこじれた人間関係に嫌な思いをするのも、クラスメイトと言い合いをしたり喧嘩したりするのも、コミュニケーションの練習であり、レジリエンスのトレーニング

です。

学校は、不特定多数のさまざまな人たちが集まる場所。そこで集団生活をするのは、「楽しい」と「つらい」が混在し、時に不自由で面倒くさい。しかし、就職して社会に出ると、人間関係は学校生活の何倍も面倒で、想像以上にやっかいです。

社会人として生きていく上で、最低限のコミュニケーション力は絶対に必要です。それを養う場が学校なのです。しかし、コロナ禍の3年間では、楽しい思い出だけではなく、コミュニケーションの練習機会まで失われてしまいました。

「つながる力」は生きる力

コロナ以前より、社会人になってから「職場の人間関係がうまくいかない」「職場の人間関係がつらい」「会社に行きたくない」と悩む人は多くいました。

職場のストレスの9割は、人間関係が原因といいます。

職場の人間関係からストレスをためて、メンタル疾患に陥る。結局、病気が原因で休職、退職に至ります。良いタイミングで転職に成功すればいいのですが、新しい職場にも適応できない、あるいはメンタル疾患を再発させてしまうとなると、社会人と

して生きていくことが難しくなります。

コミュニケーション力が不十分なまま社会へ船出すると、遭難するか、難破します。最悪、沈没です。社会への船出は、十分に準備した上で行うべきなのです。

その準備とは、「Step1 整える」でお伝えした3つの武器「整える力」「レジリエンス」「コントロール力」。それらに加え、本章では第4の武器「つながる力」を授けます。

人は孤独では生きられない。「つながる力」は、生きる力そのものといえます。

コミュニケーション力ではなく、敢えて「つながる力」と表現しました。

「つながる力」とは、コミュニケーション力を含めて、人とつながり、自分から

交流していく力を指します。単に「上手に話す」「上手な文章を書く」のではなく、自分から人とつながり、関係性を深めていこう！　という積極的な意志。宣言のようなもの。例えば、クラスメイトに声をかける。それ自体は、コミュニケーションの上手、下手とは全く関係ありません。

仮にコミュニケーションが上手でも、自分から話しかけなければ、友達は増えない。コミュニケーション力だけではダメで、そこに、「勇気」が必要です。

コミュニケーション力×勇気＝つながる力、というわけです。

コミュニケーションは苦手で当たり前

★コミュニケーションが苦手です★

社会人になってからも、非常に多くの人が悩んでいる問題です。

樺沢のYouTubeチャンネルで調査してみたところ（対象1・8万人）、その結果は、コミュニケーションは得意ですか？　苦手ですか？

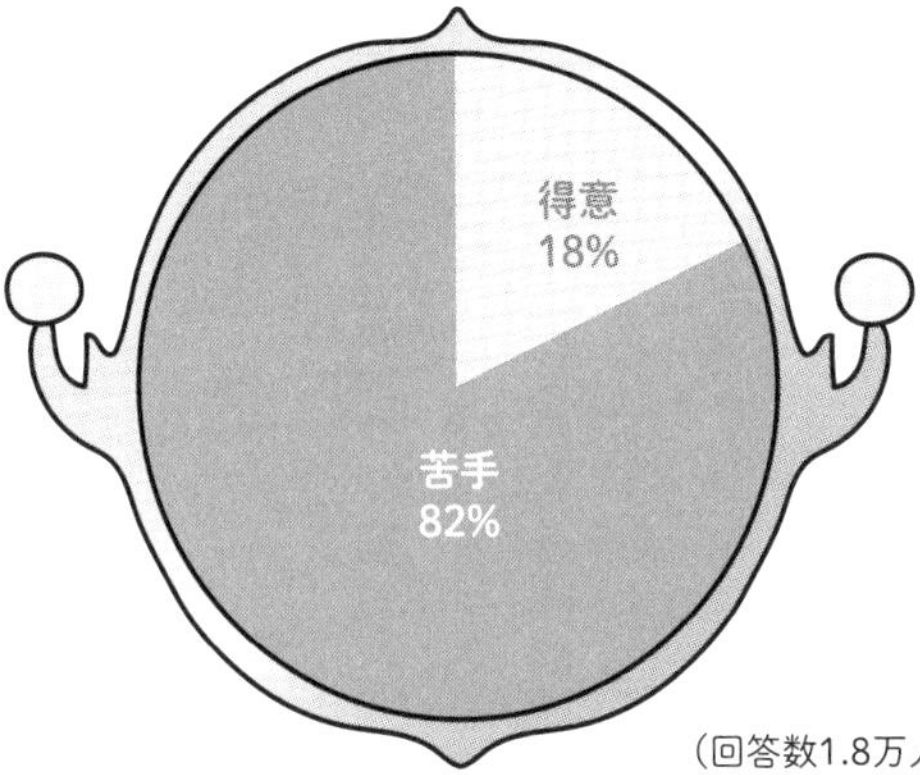

（回答数1.8万人）

なんと82%が「コミュニケーションが苦手」でした。

あなただけではなかった！　8割の人が、自分は「コミュニケーションが苦手」「コミュニケーションが下手」と思っています。

ですから、あなたがコミュニケーションが苦手だとしても、落ち込む必要も、卑下《ひげ》する必要もありません。

★もっと友達とおしゃべりをしよう★

友達と会話することで、コミュニケーション力は養われる苦手だと言う人に、こんなアドバイスをすると、「私は一人でいるのが好きです」「友達がいなくても平気。むしろ疲れるので、いないほうがいい」といった反論や言い訳が必ず返ってきます。

では、コミュニケーションは苦手のままでいいのでしょうか？

つながる力で「十《じゅう》人《にん》力《りき》」になる

職場ストレスの原因の9割は人間関係の問題です。

つながる力が低いと、会社でさまざまな苦労が襲いかかってきます。上司、先輩、同僚、部下との、最低限の人間関係が築けない。あるいは取引先、クライアント、お客さんとの関係がうまくいかない。それは非常に大きなストレスとなって、あなたにダメージを与え続けます。しかし、つながる力が高ければ、それらを上手にストレスなく処理することができるのです。

私は精神科医として、人間関係が原因でメンタルダウンしたり、メンタル疾患に陥った患者さんを、山ほど見てきました。

メンタルの患者さんの共通点は、コミュニケーション下手であること。そして、他

人の力を借りない。何でも自分一人でやろうとします。「つながる力」が低いのです。

つながる力は、社会で戦うために「強力な武器」になります。RPGで仲間の助けを借りずに、ゲームをクリアできますか？　あなたが戦士なら、僧侶や魔法使いの手助けは必須です。**一人でダンジョンに潜るよりも、6人のパーティーで協力して戦えば、6倍の力を発揮できます。いや、実際は十倍以上。つながる力で仲間の力を借りれば、「十人力」を発揮できるのです。**

パーティーを組んで、仲間の力を借りると、あなたの冒険は楽になる。そして、楽しいものになります。RPGの常識でありますが、現実世界も全く同じです。

困ったら人の力を借りればいい。「助け」や「助言」を求めていいのです。

仲間の力を借りずに1人で戦ってもダンジョンで生き残れないのと同様に、最低限の「つながる力」がないと、社会人として生き残れません。

しかし「失われた3年間」を経験したあなたは、つながる力が不十分です。人によっては、ないに等しいかも。社会に出たあと、会社に就職して初めて「自分は1人だった」「自分は誰ともつながっていなかった」と、たいへんなことに気付く。それでは手遅れです。ですから、それを防いでほしい。今のうちから、「つながる力」を育てる。そして、仲間とつながるのです。

つながる力を鍛える3つの方法

今からでも、「失われた3年間」を取り戻すことは可能です。いや、絶対に取り戻さなくてはいけません。つながる力を鍛えて強固な武器にする。その具体的な方法を3つお伝えします。

方法1 リアルで会う、話す、遊ぶ

スマホの長時間使用についてのところでも書きました。コロナ禍で直接会えない。寂しい。だからチャットやメッセージのやり取りを頻繁にやってしまう。その結果、1日5時間以上スマホを使う高校生は2人に1人、9時間以上スマホを使うのは5人に1人もいるのです。

そのうち1時間を、直接会って話す時間にしましょう。

スマホはカバンにしまって、目の前の相手のことに全集中するのです。それは、あ

なたにとって大切な「友人」「仲間」「家族」「恋人」。今、目の前にいるその相手と、本音の会話をすることが大切。

本音とは、すなわち「自己開示《じこかいじ》」すること。自分から心を開けば、相手も心を開く。自然と人間関係は深まります。

自分の思っていることや考えを相手に伝え、相手が思っていることを受け止める。この受容や承認の結果が「安心」となり、「つながりのホルモン」である幸福物質オキシトシンを分泌させます。

オキシトシンはRPGでいえば、防御魔法×回復魔法です。攻撃（ストレス）からのダメージを大幅に減らし、HP・MP（体力やメンタル）を回復させます。

学校で嫌なことがあっても、オキシトシンが分泌する癒やしの関係性があれば、もう些細なことでストレスは感じないでしょう。

「友達と話して癒やされた！　元気が出た！」と思うのは、実際に癒やし物質が増えて、ストレス物質が減っているからなのです。

オキシトシンには神経保護作用もあるので、ストレスから脳を守ってくれる、実際に最強の防御魔法になるのです。

方法2 相手の顔色を読み、自分の目と表情で伝える

コロナ禍の3年間、学校でもマスクをつけることを強いられました。高校に入って1年近く経《た》っても「クラスメイトの素顔を見たことがない」という人もいたはずです。

コミュニケーションにおいて、「相手の表情を読む」ことは、とても大切です。

実は、コミュニケーションには、「言語的コミュニケーション」と「非言語的コミュニケーション」の2種類があります。

・言語的コミュニケーション……言葉の意味、内容の伝達。SNSのメッセージのやり取りなどの文字情報
・非言語的コミュニケーション……相手の表情や顔色の変化、目の動き、雰囲気などから情報やメッセージを読み取ること

相手の微妙な目の動きや、細かい表情の変化といったものを瞬時に理解し、相手の感情を読み取る力は、社会人には絶対に必要なスキルです。

例えば、相手と言い合いになったとき、怒っているのか、気分を害したのか、実はそれほど気にしていないのか、形式的に言っているだけなのか。表情や顔色を見れば、だいたいわかります。

しかし、マスクで顔の下半分が隠されていたとしたら、互いに表情が読めない。非言語的なコミュニケーションが非常に難しいのです。それがコロナ禍で3年も続いてしまった。結果として、相手の微妙な感情をくみ取る訓練が3年分も足りていません。

コロナの感染爆発がおさまったとき「マスクを外すのが怖い」「マスクをとりたくない」という人がたくさんいました。「マスクをとりたくない」は、心理学的には「コミュニケーションへの恐怖」の表れです。

「失われた3年間」を取り戻すために、相手の顔色を読む練習、あるいは、自分の目と表情で相手に伝える練習を心がけてください。

それには、オンライン交流では意味がありません。前述の方法1で「リアルで会う、話す、遊ぶ」ことをおすすめしたのは、この非言語的コミュニケーションのためです。

コロナ禍の終了後、テレワークという働き方も一般化しましたが、高い率でメンタルダウンする人が発生しています。インターネット越しの会話では、単なる情報伝達だけで、コミュニケーションの癒やし効果が全くない。オキシトシンがほとんど分泌されないのでしょう。

オンラインでの交流は、「癒やし」にはならない。むしろ「ストレス」「疲れ」の原因となるのです。

方法3　部活、サークルを楽しむ

部活やサークルは、コミュニケーションの格好の練習場です。

定期的に仲間と会う。話し下手でも、自分の趣味や興味のある話題であれば、雄弁に話せるものです。高校時代の私は、普段はかなり無口でしたが、映画研究会の仲間と映画について話すときは、活発に話せました。

部活やサークルで2年生になると、1年生を指導したり、教えてあげたりする機会が増えます。**先輩・後輩との人間関係には、気づかいと苦労が伴いますが、ここで上下関係のつながる力が圧倒的に鍛えられます。社会に出たとき、会社に勤めたときなどに、ものすごく役立つのです。**

いずれにせよ、コミュニケーションのトレーニングは楽しく行うこと。つらいことは続きません。部活、サークル、習いごと、アルバイト。楽しみながら人とつながってコミュニケーション量が増えるというのが理想です。

友達は必要ですか？

今日の学校を昨日より少しだけ楽しくする方法

- 仲の良い友達がいません
- 友達との人間関係に疲れます
- 友達と喧嘩しました

樺沢のYouTube調査（回答数2・1万人）で、「中学、高校時代、友達はいましたか？」と質問したところ、「ほとんどいない」と答えた人が20％もいました。

中学、高校時代に「友達」はいましたか？

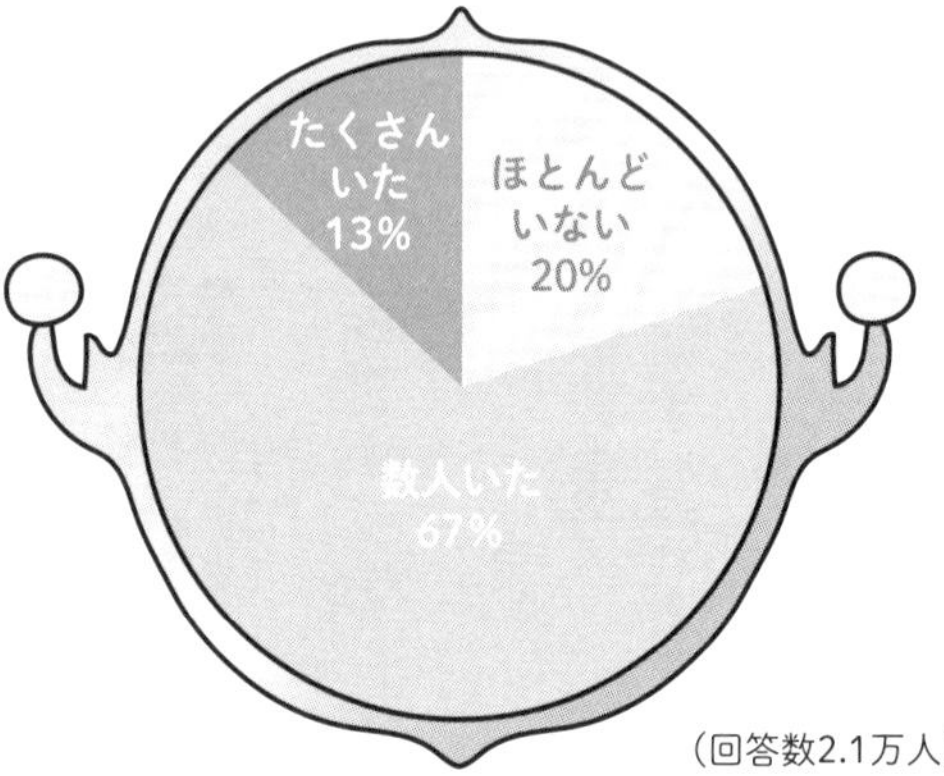

（回答数2.1万人）

「たくさんいた」は、たったの13%。いつも人に囲まれて華のある人気者はクラスでも目立つし、「自分もそうなりたい」と思うでしょうが、そんな人は少数派です。

5人に1人は、友達がいない。じゃあそれでいいのかというと、友達が一人もいないのは、たいへん寂しいことです。

「学校に行きたくない」という人も、仲の良い友達が一人でもいれば、学校に行くのが楽しくなるもの。

「学校が楽しくない」「学校に行きたくない」という理由は、「友達がいない」「孤独だ」「いじめられている」など、つながり不足が原因のことが多いのではないでしょうか。

それならば、**「つながり」を増やすことで、十代の学校生活は楽しいものへと変化します。**

人間関係というと、とても面倒くさい、難しそうなイメージがありますが、コミュニケーションとは、つまり、オキシトシンの分泌なのです。

「友達か、そうでないか」「信頼関係がある、ない」にかかわらず、人とおしゃべりをするだけでいい。楽しくおしゃべりするだけで、オキシトシンが分泌されます。

「友達を作ろう！」「友達を増やそう！」というのは、目標のハードルが高すぎます。だから、まずは小さなコミュニケーションから始めてみましょう。

ちょっとした会話でもオキシトシンは分泌しますから、すぐにでも小さな幸せを手に入れることができる。昨日よりもちょっとだけ今日の学校を楽しくできるのです。

「友達の定義」で友達が現れる

「私には友達がいない」と言う人がいますが、本当でしょうか？

では、まず「友達の定義」を考えてください。

小さな会話で友達ができる

毎日、昼休みにおしゃべりするのが友達
家に帰って、毎日チャットするのが友達
困ったときに助けてくれるのが友達

昼休みに2、3言《こと》話すA君は友達なのか？　放課後、一緒に帰るBちゃんは友達？　友達の定義が不明確だと、判断することはできません。結局「自分には友達がいない」と勘違いしてしまうのです。

何でもいいので、自分なりに「友達」を一言《ひとこと》で定義してみる。

そうすると、「自分にも友達がいた！」と気付くことができます。

私の友達の定義は明確です。**困ったときに相談できるのが友達。**

ただ、「困ったときに相談できる友達（＝親友）」はなかなかいません。

「困ったときに相談できる」の手前は、「思ったことを話せる」です。あなたが思っていることを素直に話せる。そして、それをポジティブに受け止めてくれる人なら、それはあなたの友達です。**悩んだときに、それを言葉にすることができれば、ストレ**

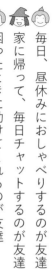

スの9割は解消します（詳しくは拙著『言語化の魔力』幻冬舎を参照）。友達がいて、思っていることを素直に話すことができれば、つらい悩みも楽になる。毎日が楽しくなる。そして、学校も楽しくなるのです。

思っていることを話せる。悩んでいることを話せる。そんな友達が一人でもいれば、そうそうストレスはたまりません。メンタル疾患にもなりません。

メンタル疾患の患者さんのほとんどは友達がいません。「なぜそんなに困っているのに、今まで誰にも相談しなかったのですか?」と尋ねると、「相談できる人がいません」と口をそろえて答えます。

友達がいて、悩みを話すことができたら、オキシトシンという回復魔法で落ち込んだ状態からも、すぐに回復できる。レジリエンスを高めるためにも、友達は必要です。

困ったらまず話す。それだけで、ストレスの9割は解消します。

だから、それを話せる友達が、一人は欲しいのです。

友達を作る3つの方法

方法1 友達ではなく「仲間」を作る

「友達を作る」というと、なんだか難しそう。そこで、まずは「仲間」を作ってみましょう。「友達」とは友情で結ばれた人間関係、「仲間」とは一緒にいることが多い人間関係。一緒に遊んでくれるのなら仲間だし、一緒にいて楽しければすでに友達や仲間になっているかもしれません。

「友達」を作るのは難しい。でも、「仲間」を作るのは簡単です。

しつこいようですが、RPGでたとえてみましょう。

酒場では、見知らぬ人に話しかけて情報を得ます。そのまま「仲間」になって、あなたのパーティーに加わることもあります。

実は、学校のクラスは、RPGの酒場みたいなものです。

自分から声をかけない限り、仲間は増えません。声をかける。言葉をかける。コミュニケーションをする。それを繰り返す。気が合えば、それは仲間です。

そう思って周りを見まわすと、あなたの仲間になってくれそうな人が、必ずいるはず。「なんとなく」では見つかりません。よく探さないと!

クラスで仲間がいなそうな場合は、クラブ活動やサークルで探すのもいいでしょう。共通の目的、共通の趣味を持っていると、会話が盛り上がりやすい。部活動、サークル活動は定期的に会って、複数人で場所と時間を共有するわけですから、当然、親密度も高まります。

◎なぜすべてを一人でやろうとするのか？

社会人として仕事をするようになると、何を調べても、どんな道具を使ってもいいし、誰の力を借りてもいい。結果として、良い仕事をした人が勝ち。「協力プレイ」ありのゲームです。

しかし、どういうわけか、**ほとんどの人は壁やハードルにぶつかった場合、一人で解決しようとします。誰かに相談したり、誰かの力を借りればいいのに、なぜかそれができないのです。**

６人までのパーティーを組むことができるRPGで、誰も仲間にせず一人プレイして、ゲームをクリアできますか？　できるはずがないのです。仲間とパーティーを組んだほうが、はるかに楽に、楽しく冒険ができます。

あなたが、自分から友達を作らないというのは、パーティーを組まずに一人でクリ

『19歳までに手に入れる7つの武器』読者限定無料特典

（幻冬舎刊）

本書をお買い上げくださりありがとうございます。
本書の内容をより深く理解していただくために、3つの読者プレゼントを用意しました！

特典1　「7つの武器」を手に入れる「49の魔法」

動画249分

「7つの武器」に磨きをかけるために、武器ごとに7つの魔法（動画）を授けます。7×7＝49の魔法によって、さらに理解を深め、行動化をすすめてください。

特典2　「読解力で人生を変える！　実験編セミナー」

動画77分

ただ本を読むだけではダメ。読解力を身につける読書をしよう。では、具体的にどんな読書をすればいいのか？ 樺沢のコミュニティメンバーしか視聴できない動画を、今回特別にプレゼントします。

- 『読書は人生を変える！　樺沢からのメッセージ（オリジナル動画）』（10分）
- 『樺沢流 本の読み方　実践編』（35分）
- 『読書アウトプット術　自己成長に直結するアウトプットのトレーニング法』（32分）

特典3　「7つの武器を手に入れて、人生を変えろ！」

動画17分

『7つの武器』を通して、樺沢は何を伝えたかったのか？ 本書のエッセンス、ポイントを著者自身が熱く語ります。今回のプレゼント用に新たに作成したオリジナル動画。本書を読んだ今、改めて動画を視聴することで、内容が整理され、冒険に出たくてたまらなくなるはずです。

このURLにアクセスしていただけましたら、「3大特典」を無料で入手できます。

https://kabasawa8.com/fx/YW6nNN

※上記は予告なく終了する場合がございます。

仲間がいれば人生は10倍速でうまくいく

アするという「無理ゲー」をしているのに等しいのです。

なぜ一人で生きようとするのか？

なぜ一人で解決しようとするのか？

誰かの力を借りれば、何倍も早く、楽にクリアできるのに。

一人なら1年かかることも、仲間の力を借りれば、1ヶ月で達成できるかもしれない。人生を10倍速で成功させる方法、それが「仲間を作る」です。

相談する。頼る。お願いする。任せる。人の力を借りる。すべて良いことなのです。

あなたの仲間になってくれる人は、必ずいます！

方法2　小さな会話で友達レベルを上げる

休み時間に雑談する程度の仲間ができても、それを友達へと発展させるのは簡単ではなさそうです。

お互いに助け合う仲の良い友達、気の合う仲間との素晴らしい学校生活。そんな、アニメや漫画のようなことは、現実社会ではなかなかないものです。それを、いきなり友達の条件に設定するのは、目標が高すぎる。

自分は友達もいないし、なんてダメな人間なんだろう
友達がいないのは、自分に魅力がないからだ

そんな自分の思い込みで、連鎖的に自己肯定感を下げてしまうのはとても残念です。

そこで、「友達がいない」という人は、学校に行ったら「クラスの誰かと一言話す」を目標にしたらいいでしょう。

そんなこと簡単だというのなら「3言話す」。一日3言話せば、もう仲間です。まずは仲間を作ればいい。それができたなら「10言話す」。一人のクラスメイトと、一日10言も話せるのなら、それはもう友達です。

モンスターを倒して、10ＥＸＰ（経験値）を獲得する。10回倒せば、１００ＥＸＰ獲得。１００回倒せば、１０００ＥＸＰ獲得です。積み上げると、大きくなる。気がつけば、レベルアップを何回もしているはず。

学校に行って、誰かと一言言葉を交わすだけでオキシトシンは出ます（10ＥＸＰ獲得）。相手と目と目を合わせるだけでも、オキシトシンが出ます（10EXP獲得）。肩をたたいたり、じゃれあったり、ボディコンタクトでオキシトシンが出ます（10EXP獲得）。100EXPで「友達レベル」は一つ上がります。

このように、**友達がいるか、いないかではなく、「友達レベル」で考えると楽になります。**一度も話したことがなければ、友達レベル0。毎日少しずつコミュニケーションをとるうちにレベル1になって、レベル2や3になる。友達レベルが2や3なら、立派な「仲間」です。レベル6まで積み上げられたら、それは「友達」です。レベル8までいくと「親友」。

いきなり親友を目指してはいけません。まずは、「仲間」を作って、コツコツとレベルアップしていけばいいのです。

あなたは「自分には友達がいない」と言います。確かにレベル8の親友はいないかもしれない。しかし、レベル2や3くらいのクラスメイトなら、何人かいるのではありませんか？

方法3　自分から声をかける

ＲＰＧの酒場では、あなたはそこにいる全員に声をかけるはずです。それも自分から。酒場に5人の村人がいるのに、一人だけにしか声をかけない、ということはないはず。そのうちの誰か一人が、重要なアイテムや情報をあなたにくれるかもしれない。あるいは、冒険のパートナーになってくれるかもしれない。

だから全員に声をかけるのが、ＲＰＧ攻略の基本です。

それが理解できるのなら、現実の学校やクラスでも、自分から声をかけるべきなのはわかりますね？

あなたは、声をかけられるのを、ただ待っているのではありませんか？

相手からもらうだけの「クレクレ星人」に仲間は集まりにくいものです。だから自分から情報を出す（面白い話題を提供する）ことも必要。

まずは自分から、声をかけて、おしゃべりをしてみてください。**会話が上手とか、コミュニケーション力は関係ありません。「つながりたい」という思いが重要**です。

つながる力は、コミュニケーション力×勇気。

コミュニケーション力が低いと思ったら、あなたの勇気で補えます。

◎友達はいきなりできない

いきなり目の前にパッと友達が現れることはありません。

小さなコミュニケーションの積み上げによって人間関係は深く濃くなっていくのです。小さなレベルアップを繰り返した結果として、仲間や友達ができていく。関係性が徐々に深まって、ある日、「この人、友達かも」と思えるのです。それが、半年、一年続けば「この人、親友かも」と思える日も来るでしょう。

挨拶をした、雑談をしたなどの「小さなつながり」が、友達のきっかけ。

最初の出会いは、「自分から声をかけた」か「相手から声をかけられた」のどちらかしかありません。声をかけられるのをただ待ち続けても仕方ないのですから、自分から声をかけるしかないのです！

5人に1人は友達がいない。それならば？

先ほどのYouTube調査の結果を見てください。5人に1人が、「友達がいない」と答えていました。

あなたのクラスが男女半々で40人とします。確率的に、あなたのクラスには「友達のいない同性のクラスメイトが４人」いるはずです。そのうちの一人が自分だとすると、「友達のいない同性は３人」いることになります。

クラスを見まわしてみましょう。「完全に孤立無援の孤独が好き」なんて人はいません。

「友達がいないから、友達が欲しい」とあなたは思っている。それと同じように友達を欲しがっている人が必ず３人はいます。「友達のいない」同士がつるめば、それで立派な４人のパーティーができあがるのです。

ここで重要なのは、パーティーを立ち上げるには、「言い出しっぺ」が必要だということ。「パーティーリーダー」とも呼ばれます。誰もあなたに声をかけてくれないのなら、あなたがパーティーリーダーになって、自分から声をかければいい。自分から仲間を集めるのです。

友達を作るきっかけに必要なものは、小さな勇気だけ。会話力もコミュニケーション力も、人間的魅力も必要ありません。この小さな勇気こそが、つながる力の本質です。

さあ、あなたも仲間を見つけて、楽しい冒険を始めてください。

小さな勇気で仲間はできる

つながりすぎ症候群
女子は1・3倍病んでいる

さて、友達問題に関していえば、男子よりも女子のほうが悩みは深そうです。今いる友達との関係性をどのように維持していくか。嫌われないか、仲間外れにされないかということを、いつもビクビク心配しているはずです。

結果として、今の友達との関係性を維持するために、スマホで長時間のチャットやメッセージのやり取りをしているのでしょう。

ネット依存傾向の高い割合は、男子に比べて女子は1・3倍に及んでいます（総務省2014年）。高校生の男女ごとのスマホ使用とうつ病との関連性について調べた研究によると、オンラインチャットをする女子高校生は、うつ病のリスクが1・7倍高い。一方で、ゲーム中心の男子高校生は、うつ病との有意差が認められませんでした。ゲームにはまる男子よりも、SNSやチャットにはまる女子の方が「スマホ疲れ」しやすいのです。

スマホのコミュニケーションで仲が悪くなる

毎日の長時間のネットコミュニケーションによって、友達との人間関係が悪化することが報告されています。

これを「つながりすぎ症候群」と呼びましょう。樺沢の造語です。

・つながりすぎ症候群……SNSのチャット、メッセージ、テレビ電話などで、友達と頻繁に長時間コミュニケーションすることによって、つながりすぎる。その結果として、心理的距離が近づきすぎて喧嘩、仲たがい、いじめなどの原因となること

心理的な距離が近すぎると、相手の欠点や悪い部分が見えてしまいます。

また、相手の返信が遅いことが過剰に気になったり、イライラしやすくなる。返信が来ないと「無視された」「軽く見られている」と不安になる。お互いに束縛し合うことで、ストレス、心理的な負担となるなど、さまざまな障害が生じるのです。

「既読無視」という言葉に表現されるように、メッセージを読んだらすぐに返信しな

いと気分を害する人が一定数いるのは事実です。

アニメ（原作は小説）『青春ブタ野郎はバニーガール先輩の夢を見ない』の主人公・梓川咲太《あずさがわさくた》の妹かえでは、学校でのイジメが原因で、不登校になってしまいます。

その原因は、友達とのチャットグループで、たった30分返信しなかっただけで「既読無視」だと決めつけられてしまったこと。いわれなき誹謗中傷を書き込まれます。結果として、学校に行けなくなってしまうのです。

これと似たことが、日本中で起きているのではないでしょうか。

あなたは「スマホ、SNSを長く使用すればするほど人間関係は深まる」と思っているでしょうが、それは完全に間違いです。真逆なのです。

「つながりすぎると、人間関係は悪化する」という心理学的事実を、まずは知ってください。

ハリネズミのジレンマ

つながりすぎると人間関係は悪化する。なぜでしょう？

心理学で「ハリネズミのジレンマ」という用語があります。ハリネズミとは、とげ

ハリネズミのジレンマ

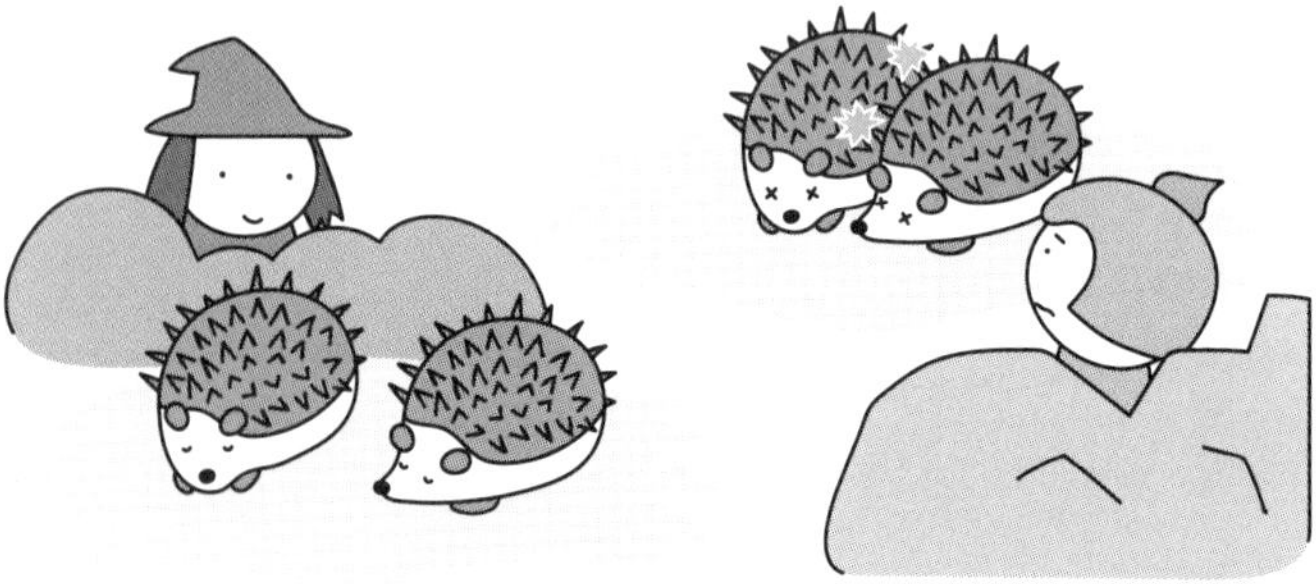

とげのあるネズミのような生き物ですね。
寒い冬の夜に、2匹のハリネズミがいました。2匹の距離が離れていると、非常に寒い。しかし2匹が寄り添うと、互いのハリが刺さってしまい痛いのです。それでも寒いからといってさらに近寄ると、血が出てしまいます。適度な距離をとると、針も刺さらず、温かい。心地よい距離になりました。
心理的距離が遠すぎると寂しい。しかし、近すぎると互いに負担になったり、ストレスになることを示すたとえ話です。
毎日何時間もスマホでやり取りをする人は、このハリネズミのジレンマをよく知っていただきたい。心理的距離が近づきすぎると、互いにハリが刺さる。つまり相手の細かい部分が目について、その一挙手一投足に妙にイラついたり、腹が立ったりするのです。

心理的距離が近づくと、相手に対する要求が高くなるのです。相手を束縛したくなる。仲が良いのだから、30分以内に返信するのは当たり前だという感覚が出てしまう。毎日、何時間もスマホでつながっている友人なのに、なぜか喧嘩してしまう。

その理由は、相手が悪いのでも、自分が悪いのでもない。単に「スマホのしすぎ」「つながりすぎ」が原因なのです。

ハリの長さはそれぞれ違う

「ハリネズミのジレンマ」で難しいのは、人によってハリの長さが異なる点です。心理的距離感が近い人と遠い人がいるのです。

メッセージの返信は「2～3時間以内に返ってくれば十分」という人もいれば、「15分以内に返してくれないと不安になる」という人もいる。

「つながりすぎ症候群」のトラブルの原因がこれです。

メッセージに早く返信することが、「友情の証《あかし》」なのでしょうか？　あなたの友達とじっくり本音で話し合ってみるべきです。実は相手も、「長時間のチャット」に疲れている、「既読無視と言われる恐怖」に悩んでいる可能性は高いです。

「既読無視」を責めるのは殺人に等しい

友達と仲良くなるためにチャットしているのに、それが原因で不仲になってしまっては本末転倒です。さらに「コントロール力」の章で述べたように、スマホ利用時間が長くなればなるほど、学校の成績は下がり、精神的にストレスとなり、感情が不安定になる。うつ病や不安のリスクは3倍以上に高まる。さらに、自殺率まで高まることが報告されています。5時間以上のスマホ、インターネットの利用で、自殺率が66％高まる（特に女子の自殺率上昇が顕著）、という研究もあります。

あなたが、**友達と毎日何時間もチャットをすることで、自分の脳とメンタルを破壊するだけではなく、「大切な友達」の脳とメンタルをも破壊している**のです。

小中高生の自殺は、10年前と比べて大きく増えています。2022年には初めて500人を超え、過去最多を記録しました。それは、スマホの利用時間と比例しています。スマホを長時間使用するほど自殺率が高まるのです。相手に「既読無視した」とか「すぐに返信しろ」とプレッシャーをかけるのは、「殺人」に等しい危害を加えていることだと私は思っています。

ストレスをかけ続けて、相手を追い詰めて、さらにメンタルを破壊し、最後には自殺にまで追い詰める。イジメの温床。自殺の原因にもなる。「既読無視を責める」とか、そんなくだらない習慣は、きっぱりとやめるべきです。

「～しなければならない」と思った瞬間に、どんな楽しいことも義務となり、負担となり、ストレスとなります。

それをいやいや続けていては、メンタルをやられてもおかしくないのです。

1時間の限定チャットで人間関係を深める

実際に、あなたも「つながりすぎ」を負担に思っているはずです。

時間の無駄、精神エネルギーの無駄。そして、友情の無駄です。高校時代の大切な「1時間」を、「友情を破壊するため」に使っているのですから。

そろそろ適正なスマホ利用に戻しませんか。

スマホの利用時間は、2時間以下が適正。3時間以上は使いすぎです。チャットであれば、連続で1時間を超えたなら切り上げどき。それ以上は精神的な負担になるのです。みんなでルールを決めて、「1時間」だけ楽しくおしゃべりすればいいのでは？

もしあなたの友達がそれを理解できないのであれば、本書を友達に貸してあげてください。「スマホの害」と「つながりすぎ症候群」のパートだけでも読んでほしい。

つながりすぎで友情が破壊される。スマホの長時間利用で、脳とメンタルが破壊される。それを理解したうえで、あなたにスマホの長時間使用を迫るとするならば……それは、本当の友達といえるのでしょうか？

コミュニケーションを深めるのは、時間の長さではありません。コミュニケーションの質、すなわち濃さです。

短い時間でも濃いコミュニケーションで、仲間の結束、友情は深まります。

・・・まとめ・・・

① 悩んだら人とつながろう。
誰かに相談しよう。

② 人とのつながり、コミュニケーション
（＝オキシトシン）が癒やしになる。

③ 友達は一人いればいい。

④ 友達は作らなくていい。まず、仲間を作れ。

⑤ いきなり友情は生まれない。
友達レベルを上げていこう。

⑥ まず自分から声をかける。
「小さな勇気」で仲間ができる。

⑦ 「つながりすぎ」は友情を壊す。

⑧ チャットは1時間に限定して、
濃くつながろう！

― 情報とつながる ―

・・・第5の武器・・・

読解力

検索すれば悩みは消える

「情報／集合知」とつながる

「困ったら相談しよう」と言うと、必ず反論が返ってきます。「相談できる友人がいません」と。

だから、「一人でいいから友達を作りましょう」という話を前章でしました。

あるいは友達がいても、「こんなことを相談するのは恥ずかしい」と思うかもしれません。持って生まれた性格というものもありますから、そういう人もいるでしょう。

つながる人がいない

相談する人がいない

人とつながるのが怖い

そんな場合は、情報とつながればいいのです。この情報とは、難しい言葉でいえば、「集合知」です。

・集合知……先人の知識の集積のこと

それらは、「本を読む」「ネットで検索する」「ChatGPT に質問する」などの方法で、簡単に利用することができます。

すでに答えや解決策がいくつも出ている、よくある悩み。それに落ち込み、絶望しているその時間はもったいないと思いませんか？

このインターネット時代、ＡＩ時代において、悩み相談は「人」以外にもできます。

本や動画の向こう側の人に相談する

あなたが何かに悩んだとき、本や動画で対処法を知ることができます。それは、本の向こう側にいる「著者」、動画の向こう側にいる「配信者」に、相談しているのと

一人で悩まず、集合知に相談しよう

同じことだと思いませんか？

私がYouTubeで相談を受けても、対面で目の前の人から相談を受けても、「同じ悩み」「同じ質問」なら、お答えする対処法は同じです。

もちろん、生身の人間に対面で相談すれば、あなたの「個別性」をふまえ、より具体的で最善のアドバイスを得られる可能性が高い。しかし、手間、時間、精神エネルギー、場合によってはお金（専門家に相談する場合）もかかるので、ハードルが高くなります。

動画、ネット検索、ChatGPTなら、スマホさえあれば、今すぐ調べることができます。本であれば、図書館で借りることもできます。

人に相談できない、相談しづらいという人は、「集合知」とつながる。

本、動画、ネット検索、ChatGPT などを活用してほしいのです。

そもそも「悩み」とは何？　樺沢に「悩み」がない理由

それでは、精神科医の樺沢は、どんな「悩み」を持っているのか？　知りたい人もいるのではないでしょうか？

樺沢の悩みは……「ない」です。「そんなの嘘だ！」と思うかもしれませんが、正直にいって、私には悩みが全くないのです。

「やるべきこと」「したいこと」「できていないこと」すなわち「TO DO（すべきこと）」は、たくさんあります。しかし、それは悩みではありません。

そもそも「悩み」とは何でしょう？　悩みには、3つの特徴があります。

悩みの特徴1　ネガティブ感情……「つらい、苦しい」
悩みの特徴2　対処法がわからない……「どうしよう」
悩みの特徴3　停滞、思考停止……「どうしようもない」

このように、**何をしたらいいかわからず、前に進めず、苦しんでいる状態が「悩み」**です。トラブルを抱えていたとしても、その解消のためにやるべきこと、つまりＴＯ ＤＯが明確であれば悩みではありません。ただ、やるべきことをやっていないだけの状態です。

こんな話を例にしてみます。

★

友達に借りた貴重な古い漫画を失くしてしまった！　どうしよう、嫌われちゃうかも。珍しい漫画だから書店では手に入らない。どうしようもない。つらい。

★

これが悩みの状態ですが、これに対して、

・心当たりのある場所を必死で探す
・ネット書店やオークションで同じ本が入手できないか検索する
・素直に友達に謝る

などのTO DOがわかればいい。

TO DOを行動化すれば、停滞や思考停止の状態から抜け出せるので、悩みは確実に、少しずつ改善していく。つまり、やるべきことをやればいい。やれることを一つずつやっていくと必ず前に進んでいきます。

それは、もはや「悩み」ではなく、「改善」「進歩」「進化」「自己成長」です。

TO DOがわかれば悩みは一瞬で消える！

つまり悩みは、TO DOに置き換えることで、一瞬で消すことができます。

悩みに対するTO DOや対処法は、ちょっと検索するだけで何通りも出てきます。「何とかなりそう」という希望を見つけた時点で、あなたを停滞、思考停止させていた不安とストレスは消える。あとは、そのTO DOを、やれる範囲でやっていけばいいのです。

それが「行動化」です。少しでも前に進めたら、状況は少しずつですが、必ず改善していきます。

RPGをしていて、なかなか倒せないチョー強いモンスターが現れたらどうしますか？　あきらめてゲームをやめますか？　いいえ、あきらめずに、モンスターの弱点を調べるなどして対策を練るはずです。ネットで「攻略サイト」を検索する。あるいは書店で攻略本を買ってみる。それがＴＯＤＯ、対処法を調べるということ。

どうしてもわからなければ、誰かに聞いてもいいのです。そのゲームを攻略した友人に聞けば、すぐに答えを教えてくれるでしょう。ゲームの攻略法は、非常にわかりやすい。ですが、人生も同じです。

悩んだら、迷ったら「人に聞く」「集合知を活用する」。自分で調べれば「ＴＯＤＯ」「何をすべきか」「対処法」は、一瞬でわかるのです。あとは、行動するだけ。

悩みは一瞬で解消できるのです。

悩んでいる人ほど検索しない

わからないことがあれば、まず検索しよう。「何を当たり前のことを」と思う人もいるでしょう。しかし、ほとんどの人は、悩みごとがあっても検索しないのです。

YouTube「樺チャンネル」には、毎日約30件の質問が寄せられることは書きましたが、その９割は、過去にすでにお答えしている質問です。

悩んだら、誰かに相談するか、ネット検索しろ！

よくある質問に関しては、過去の動画で10回以上も回答しています。それでも毎日、同じ質問がきます。「発達障害は治りますか？」というタイトルの動画を上げても、その翌日に「発達障害は治りますか？」という質問がくるのです。

YouTubeの検索窓に「発達障害　治る　樺沢」と入力して検索すれば、「発達障害は治りますか？」の樺チャンネル動画が検索結果の一番上に出てきます。「発達障害治る」で検索すれば、樺沢以外の精神科医や心理カウンセラーが解説した動画が、何本も表示されます。

私の調査によると、悩みが強い人ほど、検索しない傾向があります。

「心理的視野狭窄《しやきょうさく》」が起こるからです。

・心理的視野狭窄……一つのことに注目しすぎることで、周りのことが目に入らなくなる状態

「あー、どうしよう。どうしよう」「もう、どうしようもない」と一日中頭を抱えて考え続ける。悩みが深いほど「誰かに相談しよう」「ネットで調べてみよう」という考え、アイデアが浮かばないのです。

ですから普段から、元気なときから、**「困ったら誰かに相談する」「困ったらネットで調べる」を習慣にしてください。**ネット検索など、30秒もあればできるわけですから、「困った」「どうしよう」と思ったら、条件反射的に検索すればいいのです。

あなたは本当に検索上手？

ここまで読んだあなたは、こう思ったかもしれません。

「いや、毎日検索しているけど」「検索なんて簡単！」

確かに、推しのアイドルの最新情報やアニメ映画の公開日など、興味がある楽しいことに関しては、あなたは検索を上手に利用していると思います。

しかし検索には、もっとすごい機能があるのです。

それは、あなたの「つらい」「苦しい」を解消する、という機能です。

友達と喧嘩してしまったら、「喧嘩しても仲直りする方法」と検索すればいい。検索するのは、Google でも YouTube でもかまいません。自分でも、すぐに実行できそうな方法が、いくつも見つかるはずです。

学校に行きたくないのなら、「学校に行きたくない」で検索してみてください。「X

（旧Twitter）」で検索すれば、「自分と同じことを考えている人が、こんなにいたのか」と驚くことでしょう。そして「自分だけじゃないんだ」という勇気をもらえる。

「共感」は安心をもたらす。検索する前と比べて、癒やされた気持ちになるのです。

楽しいことは、誰でも検索します。つらいとき、苦しいときは、「つらい」「苦しい」に意識をとられてしまい、検索することを忘れてしまいます。

検索で悩みは消せる！　検索で悩みは軽くなる！　間違いないです。

その悩みはすでに誰かが答えを出している

多くの人が、さまざまなことで悩んでいるかもしれません。しかし、私には、悩みは一つもありません。だから、なぜみなさんがそんなに悩み続けるのか、不思議でしかありません。

どんな悩みでも、大きな書店に行けば、対処法が書かれた本が見つかります。

人間関係がうまくいかない

- 勉強ができない。成績が悪い
- 将来が不安だ
- 恋愛がうまくいかない
- お金がない

★

この世の中のありとあらゆる悩みや問題に対して、すでに対処法が示されているのです。あなたは、本を読んで、その対処法を実行していけばいい。悩んでいる暇などないのです。

やれることをやれる範囲でやりながら、少しずつ前に進んでいく。インプット↓アウトプット↓フィードバックを繰り返しながら自己成長していけば、目の前の悩みや問題はどんどん小さくなっていき、やがて乗り越えることができます。

ほとんどの人は何もしないで悩んでいます。何もしないから停滞する。前に進めない。だから「悩み」の状態が続きます。

「悩んでいる自分」ではなく、「行動しない自分」がいるだけです。

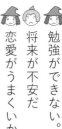

あなたの悩みは、すでにこの世の中を生きた先人たち、数百億人が悩み尽くしているのです。

古代ギリシャ・ローマの時代。平安時代や江戸時代にも、人間関係の悩み、コンプレックスの悩みはありました。あなたが必死に悩んでいることは、すでに先人たちが大いに悩み抜き、答えや対処法を出しています。

毎年、新しい本が約7万点も出版されます。本を使えば、数百万人の先人の知恵を借りることができます。ネットを使えば、日本人、世界中の人、何億人もの知恵を借りることができます。

本とネットの中に、「答え」はすでにあるのです。

そこにアクセスしない。今すぐ答えや対処法を調べないのは、もったいない話です。本を読めば、その悩みは2時間で解消できる。それなのに、なぜ何週間も、何ヶ月も、何年も悩み続けるのでしょう?

その理由は、読書の習慣がないからです。

＞＞読解力ですべてが決まる！

「読書しない人」と「読書する人」の決定的な差

残念なことに、日本人の47・3％は本を読みません。

高校生のデータで見ると、平均読書数は、月に1・9冊です（回答数4048人）。月に1冊も本を読まない人は、43・5％にもなります（「第68回学校読書調査」2023年全国学校図書館協議会調べ）。

大人も高校生も、約半数は読書をしないのです。

本を読まない人は、当然ながら「本で悩みを簡単に解消できる」ことを知りません。

つまり、悩みを抱えていても、解消できずに悩み続ける人が2人に1人です。

あなたは、月1冊の読書習慣を持つだけで、たちまち日本人の上位52％に入ることができます。月7冊本を読むと、日本人の上位3％に入れます。

年収が高い人ほど読書量が多いという傾向は、多くの調査で示されています。

1ヶ月にだいたい何冊くらい本を読むか
（全国16歳以上の男女）

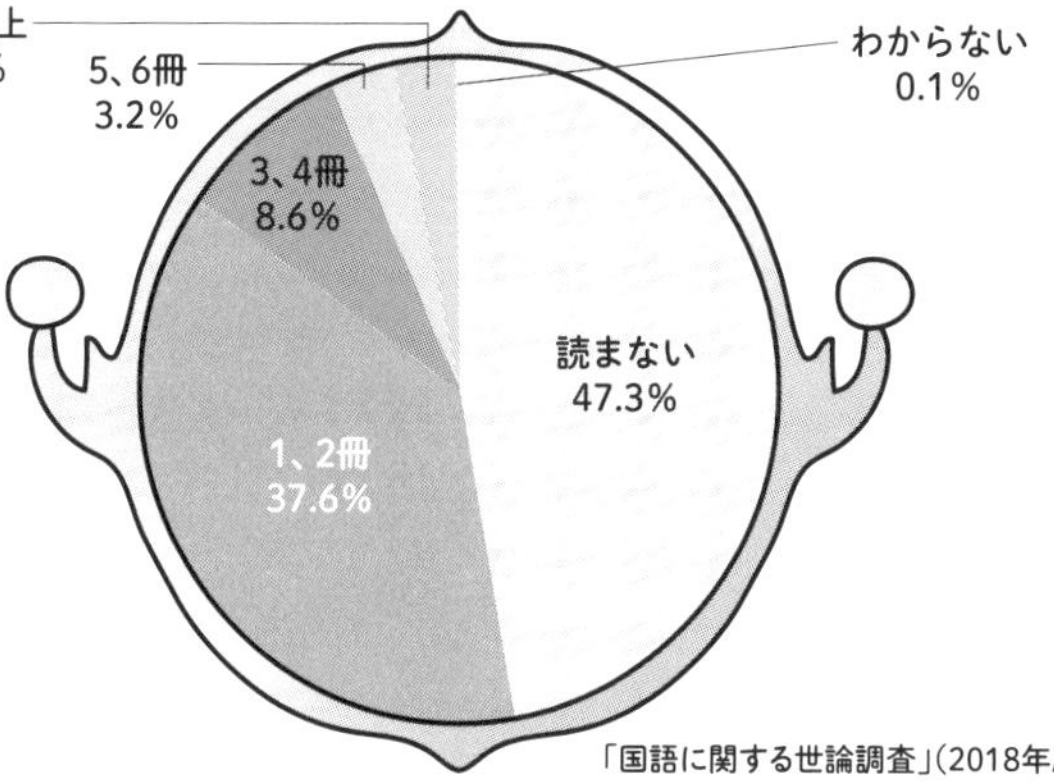

「国語に関する世論調査」（2018年度）より

読書で頭がよくなる

読書にはさまざまなメリットがあります。あまりに多すぎるので、表にまとめました（次頁参照）。

結論からいえば、読書によって、脳のほとんどの機能を高めることができます。

スマホは脳を破壊する、読書は脳を成長させる。

頭もよくなるし、IQも高まり、学校の成績も上がる。そして、本書で解説する「レジリエンス」「コントロール力」「つながる力」「好奇心」「睡眠」これらをすべて向上させることができる。

読書することで、悩みへの対処法を知ることができる。そして、読書を習慣化

読書のメリット12選

① IQアップ（知能、頭がよくなる）
② 脳（前頭前野、頭頂葉、側頭葉、後頭葉）の活性化
③ 集中力が高まる（前頭前野、集中力を司る部位の活性化）
④ コミュニケーション力、共感力アップ
⑤ 老化予防効果、認知症予防効果
⑥ 文章力、語彙力、言語化能力が全般的にアップ
⑦ 想像力、創造性、好奇心のアップ
⑧ 自己肯定感が高まる
⑨ ストレス解消効果（脈拍数の低下）
⑩ 睡眠の促進
⑪ レジリエンスが高まる
⑫ 読書量が多いほど、学校の成績が良くなる

することで、脳のほとんどの機能を活性化し、高めることができる。

悩み解消の最終兵器が、読書です！

十代のあなたにやってほしいことを一つだけ言うなら、「スマホを手放し、読書をする」です。

ただ読むだけでは意味がない

では、本をたくさん読めば脳は成長するのか？　人生がうまくいくのか？　というと、そう簡単ではありません。

実際、年間１００冊読んでも目立った結果を出していないビジネスパーソンはたくさんいます。本を読むなら、内容をしっかりと理解してその知識を吸収しなければ、意味がないのです。

本や文章を読んで内容を理解する、文脈を理解する力、著者が伝えようとしていることをくみ取る力が必要なのです。

これからの時代を生きるために絶対に必要な力。それが、私があなたに授けたい第５の武器「読解力」です。

例えば、学校の国語の授業で「教科書の34ページを読みなさい」と言われたとします。ほとんどの人は、声に出して読めます。しかし、その内容を理解できているかは別です。

また、国語の試験で、長文問題の文章は読めるでしょうが、設問には間違える。つまり、文章は読めても内容を読解できていないのです。

読解力レベルを判定する方法

あなたの読解力レベルを、簡単に判定する方法があります。

本を一冊読み終わったら、その内容を友人または家族に、詳しく説明してみてください。本を見ながらでもいいでしょう。どれくらい詳しく、説得力をもって説明できるでしょうか？　そして、何分間、説明できますか？

本の内容を真に理解できていれば、その内容を他の人に説明することが可能です。

しかし実際は、ほとんどの人はそれができません。

「樺沢さんの大ファンです！『アウトプット大全』が好きで、何度も読みました！」

そう言う方に「『アウトプット大全』のどの部分が良かったですか。いちばん役に立ったところを教えてください」と質問すると、途端に無言になってしまいます。
『アウトプット大全』が大好きで、何度も読み返しているはずなのに、その内容について説明できない。ということは真に理解できていない、記憶に残っていないということです。「何度も読んでいる」のと、「真に理解し、身についている」ことは、全く次元が違います。

一冊の本を2時間かけて読んだ場合、その内容を8%理解できる人と、80%理解できる人がいる。同じ時間をかけてインプットしているのに、学びの効率が10倍も違うのです。この差が、読解力の差。

悩みがあって本を読み、対処法まで見つけたものの、読解できていなければ身につきませんし、行動化することもできません。つまり、本を読んだ意味がないのです。

読解力で、すべての能力が爆上がり

読解力を高めるには、どうしたらいいのでしょう？
「本を読んで感想を書く」のです。それを続けるだけで読解力が高まり、「ほとんどすべての能力が爆上がりする」と言っても過言ではありません。

読書をする、感想を書く、話す。それを振り返り、次の本を読む。

第7の武器の章でお伝えする「インプット→アウトプット→フィードバック」のアウトプット・サイクルそのものです。

これによって、さまざまな力がアップします。

- 本を読んで、内容やテーマ、著者の意図について考えると「**思考力**」が養われる
- 感想をまとめて文章に書くから「**文章力**」「**要約力**」が鍛えられる
- どう感じたか、どう思ったか。自分と向き合うことで「**自己洞察力**」アップ
- 感想文は内容を説明することでもあるので「**説明力**」が養われる
- 本を2、3時間連続で読むことで「**集中力**」アップ
- 内容を整理して書くことで「**記憶の整理**」の練習になる
- 小説の登場人物に感情移入することで「**共感力**」のトレーニングになる
- 本の内容が会話の「ネタ」になるので「**会話力**」「**コミュニケーション力**」アップ

読解力は考える力そのもの

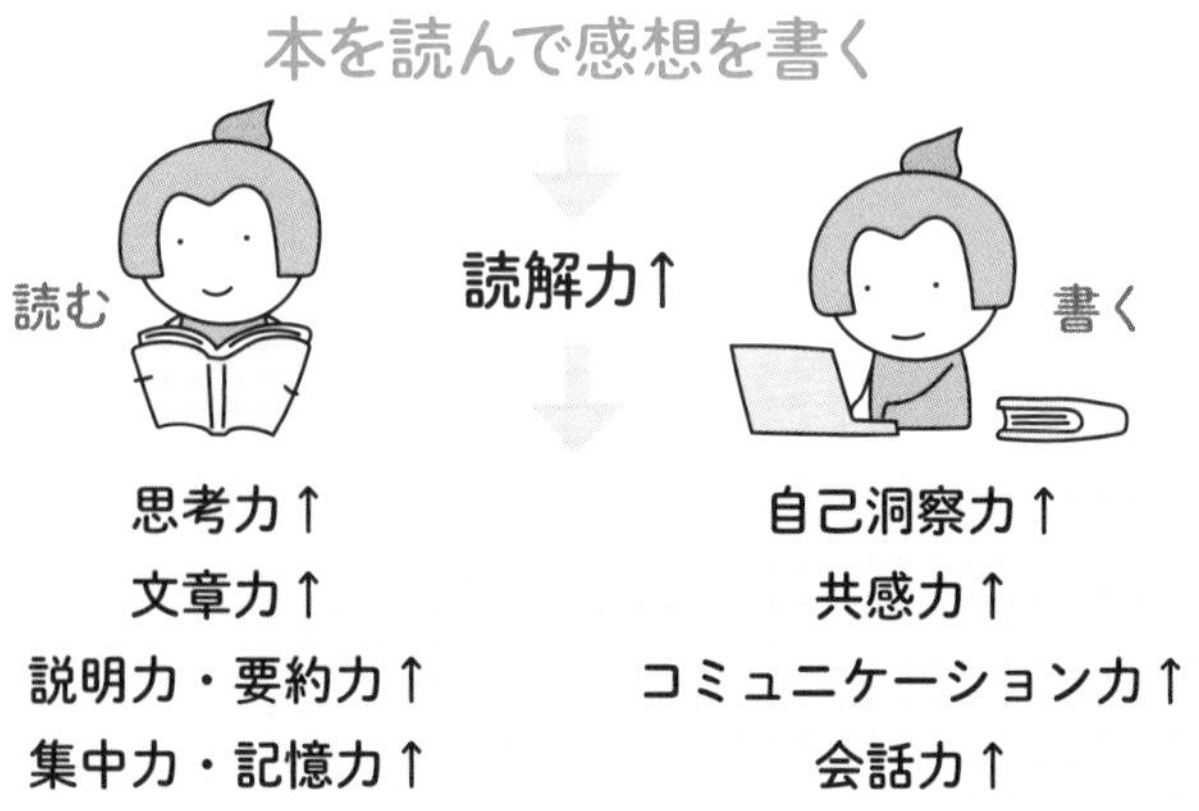

すごくないですか？　**人生がうまくいくために必要な、ほとんどの能力が「読解力」を鍛えることによって得られる**のです。これほど効率的な脳トレーニングは、他にありません。

これからの時代を生き抜いていくためには、自分で考え、自分で決断し、自分で行動していくことが不可欠です。そのすべてを、一度にトレーニングできる方法が「読書」です。

読解力が高いと、インプットの効率が10倍になる。それに連鎖して、アウトプットも10倍以上効率良くなり、アウトプット・サイクルがガンガン回っていく。結果として、自己成長が10倍以上に加速するというわけです。

これからのＡＩ時代にこそ必要な力

こんなデジタル社会に、アナログな読書なんていまさら必要なの？
もっと他に最先端の努力をしたほうがいいのでは？

こんな疑問を持つ人もいるかもしれませんね。しかし、これからのＡＩ時代にこそ、読解力が必要となる理由があります。

ＡＩを使いこなすために必要な能力こそ、「読解力」なのです。

先ほど検索について書きましたが、自分が抱える悩みを検索して、その結果として１０００文字のＴＯ ＤＯや対処法を得たとしても、それを正しく読めなかったり、誤って理解していたら、その後の行動も間違ったものになります。そんなことをしていたら、いつまで経っても悩みは解消しないでしょう。

また、そもそも検索窓に入力する検索ワードが最適なものでなければ、当然のことながら、正しい対処法、ＴＯ ＤＯを得ることができません。

言葉を磨《みが》け！
AIは言葉で動く

検索エンジンでも、ChatGPTなどのAIが相手でも同じことです。そして、これからさらに便利に、大きく進化していくであろうロボットに対しても同じなのです。すでに、Amazonのアレクサや、Googleアシスタントなどでは、質問や操作が必要な場合は言葉で話しかけます。おそらく、この先も、言葉でコマンドを伝えたり、知りたいことを聞き出したりしながら、AIロボットを使っていくことになるでしょう。そのときあなたは、適切な言葉でロボットに指示することができるでしょうか？

読解力が低い人は、言葉を使いこなせない。アウトプット力が低い。そんな人には、逆にロボットにこき使われるような未来が待っているかもしれません。

読解力を高める3つの方法

では、読解力を高めるにはどうしたらいいのでしょう。

本をたくさん読む？　いいえ、多読は意味がないと私は考えます。**本をたくさん読んでも、読解力は養われません。**ほとんどの大人も、そこを勘違いしています。

一冊読んでも、その本について、たった1分くらいしか語れない人が、同じ読み方で100冊読んで、100冊目の感想を30分語れるようになるでしょうか？ならないのです。やはり1分しか語れません。

方法1 本を読んだらアウトプットする

読解力が高いか、低いか。それは、一冊の本から「どれだけ多くの情報を取り出せたか」によって判定されます。読後、その本について10分も語ることができれば、情報をたくさん得て、理解できているということです。

ですから、インプットだけではなく、アウトプットと組み合わせる。**インプット×アウトプットで、深く読めるようになる。読解力が養われる**のです。

私の造語ですが、深く読むことを「深読《しんどく》」と呼びます。

読解力を養うのに必要なのは、多読ではなく深読です。

1　本を読んだら感想を話す
2　本を読んだら感想を書く
3　感想を書くことを前提に、本を読む

この3つがポイント。

本を読む冊数よりも、アウトプットをどれだけ丁寧にできるのか。そこが重要。4時間かけて本を2冊読むよりも、2時間で1冊を読んだら、2時間分アウトプットするのです。

私が考える読書とは、「読《よ》」んで感想を「書《か》」くこと。

アウトプットを意識するから、深く読める。アウトプットしない読書は、「読読《どくどく》」です。ただ読むだけ。せっかく入力した情報が、頭からドクドク流れ出してしまうから、記憶に残らないし身につかない。読解力が育たない。自己成長につながらない。お金と時間の無駄です。

◎読書にも「答え合わせ」が必要

30分のアニメを一話見て、翌日、友人たちと夢中になって30分語り合うことがありませんか。それは内容を理解して記憶に残っているからできることです。

アウトプットできて初めて、インプットができていたということがわかる。**アウトプットは、「読解力の最良のトレーニング」であると同時に「インプットの確認法」**

読書とは、「読」んで感想を「書」くこと

でもあるのです。

できれば、あなたが読んだ本について、友人たちと議論できると最高です。なぜならば、同じ本について語り合うことで「自分では意識していなかった情報」があったことに気付けるからです。友達の感想や意見を聞くことで、「そんな解釈もあるのか」「言われてみたら確かにそうだな」とか。新しい世界が広がるのです。

もし、周りにその本を読んでいる人がいないのなら、ネットでも答え合わせはできます。Xやインスタグラムでタイトルを検索すれば、たくさんの人がその本の感想を書き込んでいる。「面白い」「つまらない」だけの意見もありますが、あなたが気付かなかった深い指摘や見方をしている人は必ずいる。それを読んで「ああ、そうか」と思った瞬間、あなたの脳の回路は新しくつなぎ変わっています。気付きは成長を促します。

本について話すことは、「問題集の答え合わせ」と同じです。問題集を解いても、答え合わせをしなければ、間違いを修正し、今までなかった視点、視座、深掘りの方法を学ぶことができません。

なお、今「答え合わせ」と書きましたが、**読書の場合は「こうでなければいけない」という答えはありません。あなたの気付きこそが、答えです。**

本を読んで新しい気付きが得られたなら、あなたの読解力は高まっています。

方法2 とにかく楽しく読む

読解力を高めるために、絶対に読書をすべき！　それを理解したあなたは、「どんな本を読めばいい？」「漫画でもいいのか？」と思ったはずです。

結論は、**漫画、雑誌以外であれば、どんな本でもいいです。**

漫画は、セリフ（文字情報）だけではなく、絵という視覚情報、ビジュアルで人物の感情やストーリーまで、多くを表現しています。感想を話せばアウトプットの練習や、脳を鍛えることはできますが、読解力のトレーニングにはなりません。

雑誌は、文字数は多いのですが、短い文章で構成されています。ネットの記事や新聞も同様で、いずれも読みやすさを極めた短文の集合体。文章（章立てられた文のまとまり）ではなく、1行ごとにわかりやすく書かれている。読解力がなくても理解できてしまうのです。

もちろん漫画は楽しいし、雑誌は情報満載。決して悪いものではないのですが、読解力のトレーニングにはならないのです。

読書に慣れていない人にはまず、「読書は楽しい！」「こんな面白い本、読んだことない！」という経験をしてほしい。**十代で一生ものの読書体験をしている人は、本に**

対するアレルギーがなくなります。知らず知らずのうちに本を読みあさるようになり、自然と読解力が養われるのです。

★やや難しい本「サイエンスの本」「歴史の本」「心理学の本」も読んだ方がいい？★

もちろん、読みたいならばどんどん読むべきです。しかし、読みたくもないものを無理して読むのは苦行です。苦行の読書は続かないどころか、本が嫌いになります。

方法3 まずはラノベを読んでみる

高校生のとき、樺沢はどんな本を読んでいたのか。

実は、SF、ファンタジー、ホラーなどの娯楽小説ばかり読んでいました。当時は「ラノベ（ライトノベルズ）」という言葉はありませんでしたが、今なら間違いなくそのジャンルに属する小説ばかり。

高校1年の夏休みに、友人が「この本、絶対面白いから読んで」とシリーズ本5冊を貸してくれました。ヒロイックファンタジー（剣と魔法の小説）「グイン・サーガ」シリーズ（栗本薫著、早川書房）でした。

SF映画オタクの高校生だった私は、小説はほとんど読んだことがありませんでした。

しかし「グイン・サーガ」を読んで、衝撃を受けました！　こんなに面白い小説があったのか！　本って、こんなに面白いのか！　と。ディテールの書き込み、そして精巧な人物描写。映画を超える表現のすごさを感じ取ったのです。

「本は楽しい！」「本は面白い！」と心から思った、私の人生が変わった瞬間です。

小説の魅力にはまってから、毎日、むさぼるように読書をしました。

電車通学していたので、毎日、往復30〜40分は読書時間がとれます。文庫本であれば3〜4日で1冊読めてしまいます。休日には古本屋さんに行って、一冊100円の文庫本を物色するのも楽しみになりました。

SFならフィリップ・K・ディック。ホラーなら「クトゥルー神話」のハワード・フィリップス・ラヴクラフト。菊池秀行、夢枕獏もお気に入りです。そして、気がつくと渡辺淳一の医学小説（今でいうところの医療ミステリー）にハマっており、読むうちに、医学の世界に興味を持つようになったのです。

そして、大学6年生で夢野久作の探偵小説『ドグラ・マグラ』と出会い、「自分が一生をかけて取り組むのは精神医学しかない！」と確信し、精神科医を志しました。心理学、歴史、宗教などの、学術的な読書を始めたのは大学に入ってからです。高校生までは、ほぼラノベ三昧。それで、よかったのです。

◎「楽しい」からドンドン読める

なぜそんなに本を読んでいたのかというと「面白いから」以外に理由はありません。

中学時代は五教科で最も苦手だった国語も、高校2、3年の頃には、むしろ得意科目に変わっていました。そして、大学生の頃には、予備校の「小論文模試」の添削のアルバイトをするほどになっていたのです。

面白いからたくさん読んでしまう。そして、SF好きの仲間と、SF映画やSF小説について議論する。普段は無口の私も、映画や小説の話になると、圧倒的におしゃべりになります。高校生の頃から、読書を通してインプット＆アウトプットのサイクルを、ガンガン回していたのです。

高校生の頃に、毎月何冊もラノベを読みまくっていなければ、今、年に5冊も執筆する「作家」としての樺沢紫苑は存在しなかったでしょう。

私の人生が大きく変わった。それは「グイン・サーガ」を読んで「本はこんなに面白いのか！」と思った瞬間です。

読書は人生を変える

このような経験から、私は「**読書は人生を変える！**」と明言できます。

ただ、「人生を変える一冊」と出会うためには、何十冊かの本を読む必要があるかもしれません。しかし、その人生を変えない数十冊の読書が無駄かというと、全くそんなことはないのです。ここまでに解説したような、読解力を上げる意識で読んでいれば、さまざまな能力がアップしていきます。

第5の武器は「読書」ではなく「読解力」です。**「読解力がつく読書」をしないと意味がない。そのためには、読んだら書く。読書とアウトプットを組み合わせるのです。**

スマホを手放し、本を手に取ろう。その瞬間に、あなたの前に輝かしい道が開ける！　無限の可能性が開ける！　間違いありません！

・・・まとめ・・・

① 悩んだら「情報(集合知)」とつながろう。
先人の知識を利用する。

② 検索で「対処法」を調べよう。
悩みは、TO DO に置き換えよう。

③ AI時代に最も大切な能力が、読解力。
読解力は、考える力そのもの。

④ 本を読んだら感想を書く。
「読んで書く」が読書。

⑤ 本を読んで、語り合おう。
「気付き」が自己成長につながる。

⑥ まず、ラノベを読め！　読書は楽しい。

⑦ 人生を変える一冊と出会おう！

行動する

Step3

第6の武器｜好奇心

第7の武器｜アウトプット力

― 楽しいを見つける ―

・・・第6の武器・・・

好奇心

ワンド 宝を発見する

正しい方向を定めて進む

人生の方位磁針(コンパス)

整えて、つながったら、ついにStep3、自分から行動していく段階です。

しかし、方向を定めず闇雲《やみくも》に走り出してしまったら、事故にあったり、道に迷って途方に暮れてしまう可能性が高くなります。

そこで、**正しい方向に進むための人生の方位磁針(コンパス)**を、あなたに授けます。それが第6の武器「好奇心」です。

創造性、想像力、クリエイティビティ、0を1にする力、と言い換えてもいいでしょう。

Step1で紹介した「レジリエンス」や「コントロール力」は、いうなれば、普通に仕事や生活をするために最低限必要な武器。生活になくてはならない必須の武器です。

好奇心は、持っていたほうがいい武器。いや、それを持つことで、他より圧倒的に抜きん出る力といえます。

RPGでいえば、レジリエンスやコントロール力は、剣・盾・鎧。装備しないと、ボコボコにされるのは必定の基本装備。一方、好奇心は、「宝箱を発見する杖（ワンド）」です！

宝箱やレアアイテムに反応する魔法の杖があれば、宝物やアイテムを見逃さない。なくてもゲームはクリアできますが、持っていれば最短でゲームを進められます。圧倒的に有利。圧倒的な時短が可能です。

AI時代においては、好奇心を持つ人は、そうでない人と比べて、人生を2倍以上早く、楽しく、有利に進められることは間違いないでしょう。

好奇心は「楽しい」を、楽しいは「可能性」を呼び寄せる

好奇心とは何でしょう。

珍しいことや未知のことに興味を持つ心。楽しいを嗅ぎつける嗅覚。面白いことに反応するアンテナとも言えます。

この関心、嗅覚、アンテナがないと、身の回りの楽しいこと、面白いことに気付く

毎日が楽しいですか？　つらいですか？

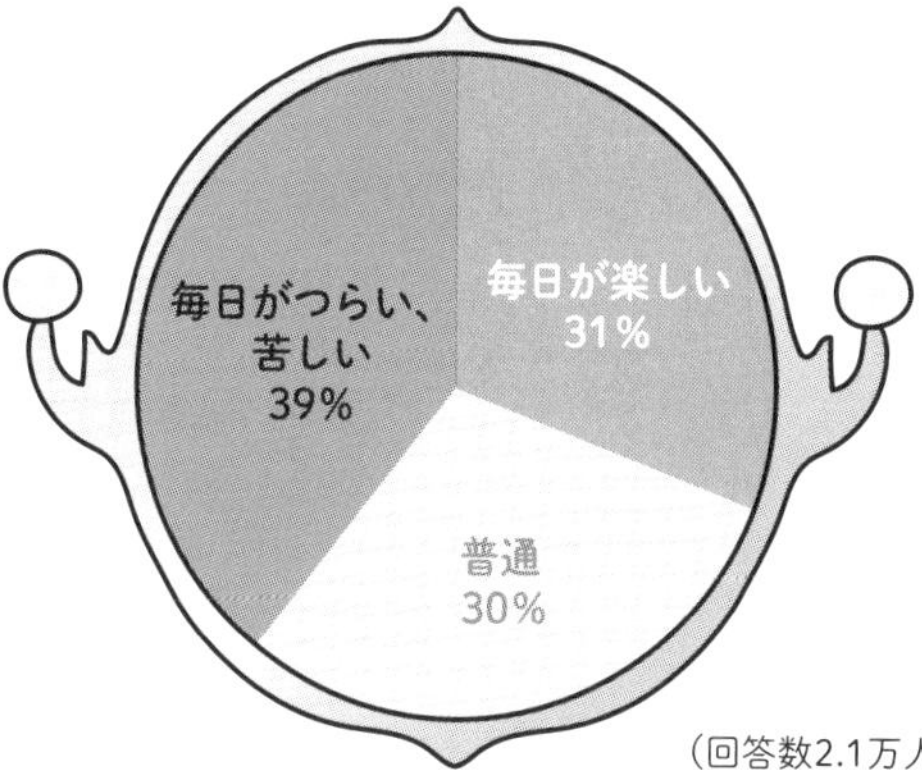

（回答数2.1万人）

ことができません。

つまり、好奇心がない人は、毎日がつまらない人生になってしまうのです。

大人になっても同じことです。「楽しいことがない」「毎日がつまらない」とグチる大人は多い。

樺沢のYouTube調査によると、「毎日が楽しい人」は、たった31%。

69%の大人は、毎日が楽しくないのです。しかも、「毎日がつらい、苦しい」という人が、39%もいたのは驚きでした。

一生懸命勉強して、大学を出て、社会人になったとしても、5人に2人は「毎日が楽しくない」。なんと残念な未来でしょう。

あなたは、大人になって、どんな日々

を送りたいですか？　毎日が楽しい大人になりたいのなら、十代のうちから好奇心を育てておくことが大事です。

- やりたいことがありません
- 何をやっても楽しくありません
- 趣味がありません
- 夢中になれることがありません
- 毎日が暇です

好奇心がない人は、いつもこんな感じです。

好奇心がある人は、楽しいことを発見できる。その結果、自分の強み、特技、個性、可能性に気付くことができます。

楽しいことなら、いくらでも続けられます。続ければ自然とうまくなるし、理解が深まり、未来は広がっていきます。正の連鎖が起きて、みるみる成功へと近づいてい

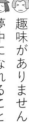

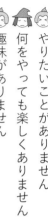

きます。**好奇心こそが「成功への最短の近道」であり、「成功の条件」**なのです！

さらに好奇心は、楽しいことに対する心理的障壁をなくし、フットワークを軽くします。「面白そうなので、とりあえずやってみよう」と最初の一歩を踏み出しやすい。

好奇心が行動化を加速させます。

テレビで卓球の試合を見ても、好奇心の薄い人は「卓球、いつかやってみたいなあ」で終わり。好奇心旺盛な人は、すぐに近くの卓球場を検索して、翌日にはラケットを握っていることでしょう。

その結果として「面白かった！」「運動は気持ちいい！」「卓球は私に向いているかも！」という体験をすることがで

好奇心のアンテナは「楽しい」を見つけてくれる

きるのです。

あるいは、学校の帰り道に、アメリカで大ヒットしているハンバーガー・チェーン店がオープン予定と聞いて、どういう反応をするか。

「えっ、どんな味なんだろう。オープンしたらすぐに行ってみたい！」のか、「ハンバーガーに興味ない。新しい店に行くのは面倒くさい」のか。新しいお店が近所にできたときに、「行く」「行かない」で、あなたの好奇心が診断できます。

そして、それを行動化すれば、例えば新しいハンバーガーの味に感動したことがきっかけで、アメリカ留学の夢を持ったり、全国の有名ハンバーガー店を食べ歩く趣味ができるかもしれません。

好奇心のまま行動すると良いことがある。あなたの「楽しい」感度は高まり、好奇心はさらに強化されていく。可能性が広がり、どんどん楽しい人生になっていきます。

創造性の物質「アセチルコリン」

「整える」はセロトニン、「つながる」はオキシトシン、「行動する」はドーパミンという、それぞれ幸福の脳内物質が関与しています。

それが「3つの幸福」、これらの脳内物質が整うと幸せになれるという考え方です（詳しくは拙著『精神科医が見つけた3つの幸福』飛鳥新社を参照）。

では、好奇心と最も関連する脳内物質は何でしょう？

それが第4の脳内物質「アセチルコリン」です。AI時代に最も重要な脳内物質は、アセチルコリンだといってもいいでしょう。

・アセチルコリン……創造性、ひらめきの脳内物質。新しい場所に行き、新しい体験をして、初対面の人と会ったとき、「それ、面白そう！」と感じると分泌される

アセチルコリン神経が活性化されている人は、好奇心が旺盛。そして、創造性（クリエイティビティ）が豊かで、既存の枠に縛られない新しい発想ができる。0を1にするイノベーション（革新）を起こすアイデアも生まれやすくなります。

また、アセチルコリンは、記憶力とも関係しています。

新しい体験をすることで、アセチルコリンが分泌され、脳全体が活性化していく。記憶力がよくなり、学校の勉強も効率化し、成績もアップする。

一方で、アセチルコリンが最も下がった状態が「認知症」です。日本で最初に認可

された認知症治療薬「ドネペジル」は、アセチルコリンの量を増やす薬でした。

つまり、アセチルコリンとは好奇心そのもの、と考えていいでしょう。

RPGで言えば、好奇心がある人は、歩くたびにHPが回復する「幸せの靴」を履いているのと同じです。好奇心がない人は、歩くたびに「つまらない」「つまらない」とHPが減っていく「毒」のステータスです。

あなたは好奇心を伸ばしたいですか？　それとも、今のままでいいですか？

AI時代は間違いなく仕事がなくなる！

なぜ好奇心が、AI時代に人より抜きん出るために必要な能力なのか？　その理由は、**好奇心がない人は、AIに完全敗北する**からです。そして、将来的には仕事を失う。

「AI時代になくなる職業」「将来、AIに仕事を奪われる」といった見出しを書籍、雑誌、ネット記事のあちこちで見かけるようになりました。

結論からいえば、今ある職業のうちの何十パーセントかは、10年、20年後には確実になくなるでしょう。しかし、その一方で、新しい職業もどんどん増えていくのです。

例えば、江戸時代にあった「武士」「川越人足《かわごしにんそく》（かついで川を渡してくれる人）」「から傘の直し屋」などは、現代では職業として存在しません。逆に、プログラマーやスマホショップ店員といった職業は、江戸時代にはありませんでした。

必要とされない職業がなくなる一方で、時代の変化や技術の進歩によって新しいニーズが生まれ、新しい職業が生まれます。しかし**好奇心がないと、この新しいニーズや、新しい仕事を嗅ぎ分けることができない。**すぐに需要がなくなる仕事だということにも気付けないので、どんどん時代から取り残されてしまうのです。

好奇心のある人が成功する理由

ＡＩは、ビッグデータの分析が最も得意です。これまで起こった出来事や何億件ものデータの分析をして、いわば過去を支配しているのがＡＩ。しかし、未来に何が起きるのかはわかりません。商品を買う、お金を使うのは人間ですから、人間の行動や心理を予測して、未来に向けて０を１にするのは人間なのです。**AIが提案できないアイデアを出すことが、これからの人間の主要な仕事になるでしょう。**

そのために必要な能力が「好奇心」「創造性」「０１力《ゼロイチ》」です。

「好奇心」を鍛える3つの方法

好奇心（＝アセチルコリン）は、いつもと違う、非日常が大好きで、マンネリを嫌います。新しい人と会い、新しい場所に行き、新しいことをする。これだけで、アセチルコリンが分泌し、あなたの脳は活性化します。

方法1　新しい人と会う

会ったことのない人と会おう！　といっても、十代の場合、家と学校との往復でなかなかチャンスがないかもしれません。なので、同じクラスの「普段は話さない人」に話しかけるだけでもいい。きっかけは何でもいい。カバンにアニメキャラのキーホルダーが付いているのを見つけたら、「私も、そのアニメ好きなんだ」でいいでしょう。自分一人で殻にこもっていても、楽しいことは起きないし、好奇心も育ちません。

何でもいいから話しかければ、何かが起きる可能性がある！

仲間を見つけ、情報を得て、冒険に出る！

そこで無視されたり、何も進展がなかったとしても、もともと互いの関係性は「0」ですから0のまま現状維持。リスクはないのです。

また、部活やサークルに参加する、アルバイトをするなども、新しい人と出会うチャンスを大きく広げます。

方法2　行ったことのない場所に行く

行ったことのない場所に行こう！　といっても、「お金のない高校生に旅行なんか無理」と思った人も多いはず。

では、30万円の予算を差し上げます。30万円で1週間、国内でも海外でも、好きなところを旅行してください！……行くつもりで旅行の計画を立ててみましょう。それなら、十代のあなたにもできますね。

早朝の飛行機に乗り、ハワイのホノルルに到着。ランチは人気のパンケーキ屋さんで。そして、夕日の見えるビーチでサンセットを楽しむ。2日目は観光スポットを回って……実際に旅行するかのように、詳細な「旅行プラン」を立てるといいでしょう。

飛行機の時間、ホテルの情報、観光スポット、グルメ情報、すべてネットに載っています。美しい風景、食べたことのない料理の写真は見ているだけでもワクワクする。そして、「絶対、行きたい！」「この絶景を見たい！」「この料理食べたい！」と思うはず。

行ったつもりで、リアルに想像する。そんな疑似体験でも、脳が刺激されるし、アセチルコリンは活性化します。

イベント、公園、美術館、博物館など、友達から行ったことのない場所に誘われたら、迷わず「イエス」と言いましょう。新しい場所での初めての体験がアセチルコリンを活性化させます。

家でゴロゴロしているほうが好き。そんな行動力のない人が、将来、ビッグチャンスをつかめるでしょうか？　フットワーク軽く行動することを意識してください。

方法3　やったことのないことをする

好奇心が強い人は、「やってみる」のハードルが低いものです。

初めてのことにチャレンジすると「視野」が開けます。経験値も圧倒的に高まりま

誘われたらなるべく「イエス」と答えろ!

す。これを「コンフォートゾーン（快適領域）から出る」といいます。

・コンフォートゾーン（快適領域）……慣れ親しんでいて、不安やストレスを感じることなく過ごすことができる、心理的に安全を感じられる領域のこと

「やったことのないことをする」は、冒険です。あなたは退屈な毎日と思っているかもしれませんが、冒険は日々の生活のすぐ外側にあるのです。

例えば、「友達からすすめられたアニメを第1話だけ見る」でもいい。

最初は「あまり興味がない」と思っていたのに、実際に見始めると、第2話、3話と見てしまうこともあるでしょう。それだけで、あなたの世界が広がったのです。

そのアニメのどこが面白かったのか。言葉にしてアウトプットできると、自己洞察も深まります。自分の新しい一面と出会えるかもしれません。

あるいは、「新しい世界が見える」ことがアセチルコリンの活性化につながりますので、いつも行くお店の、食べたことのないメニューに挑戦するだけでも小さな冒険になります。

「新しいことにチャレンジしよう！」と言うと、みなさん「チャレンジは怖い」と答

えます。**チャレンジではなく、冒険に出るのです！** ゲームやアニメの冒険、あなたは大好きなはずです。新しい世界へ一歩踏み出して冒険に出る！

言葉を変えるだけで、ワクワクしますね。

あなたは「好奇心」を持っている！

実は十代のあなたには、生まれ持った好奇心があります。

赤ん坊のときがいちばん好奇心が強く、すべてのものに興味、関心を持ちます。赤ん坊は「好奇心の塊《かたまり》」と言っていいでしょう。

しかし好奇心は、年齢とともにドンドン萎縮していく傾向があります。

大人たちから「それやっちゃダメ」と叱られることが増えるからでしょう。あなたが夢中で絵本を読んでいるときに「ご飯の時間だから、早く片付けなさい」とか、「そんなこといいから、早く寝なさい」などと言われると、好奇心の対象物を否定されたかのように感じてしまう。

学校に行くようになると、友達から自分の「好き」を否定されることもあります。

そうすると、「好き」を言葉にすることが怖くなる。自分の「好き」「楽しそう」「面白そう」という感情を押し殺し、友達に迎合して、表面的にとりつくろってしまう。そのまま社会人になると、好奇心はすっかり退化してしまい、多少のトレーニングでは復活させるのは難しいのです。

十代のあなたが今、好奇心の重要性に気付けたとしたら、それは素晴らしいこと。あなたの好奇心には、すでに多少のブレーキがかかっているかもしれませんが、まだ退化したり、完全に失われたりはしていないはずです。

自分でかけているブレーキを外しましょう。自分の**「好き」「楽しそう」「面白そう」をどんどん言葉に出して表現する。自分自身を開示していい**のです。

そうすることで、あなたの好奇心は復活してくるし、大きく育てることができます。それが、社会人になってから開花する。いや、満開の素晴らしい花を咲かすのです。

好奇心があれば、友達も増える

ここで注意したいのは、好奇心の自己開示は、相手を選んで行うべきということ。

空前の大人気となったアニメ（原作は漫画）『鬼滅の刃』が好き！」と言えば、共感する人は多いでしょう。しかし「残酷だから嫌い」という人も必ず、10人に1人くらいはいるものです。このたった1人に全否定されて落ち込むことぐらい無意味なことはありません。

あなたの「好き」のアンテナと、同じくらいの感度を持った人と友達になればいい。互いに自分の趣味や、好きな音楽、推しのアイドル、好きなスポーツ選手について、大いに語り合えばいいのです。それは、最高の好奇心のトレーニングにもなります。

気心の知れた仲間との会話で、オキシトシンも分泌され、「つながり」も強化されます。「好き」という共通点がないと、友達になりづらい。もしくは、関係性を深めづらいのです。**「好奇心の開示」と「つながりの強化」は、連動しています。**

あなたが学校で「何も面白いことがない」「友達がいない」というのは、あなたにクラスメイトとの「共通の話題」がないということ。それはあなたの好奇心不足が原因かも。

でも悲観する必要はありません。今からでも、あなたの好奇心を取り戻すことは可能です。自分の好奇心にブレーキをかけない。楽しそうなことをやってみる。友達に誘われたら「イエス」と答える。友達と「好き」を語ってみる。今日からでも、できることは多いのです。

「好き」を語れば友達が増える

・・・まとめ・・・

① 好奇心は、人生のコンパスになる。

② 好奇心は、創造性の源。
アセチルコリンを活性化する。

③ 新しい人と会う。話したことのない人に、
自分から声をかけよう。

④ 行ったことのない場所に行く。

⑤ やったことのないことにチャレンジする。
冒険は、すぐそばにある。

⑥ 好奇心のままに行動してみよう。
すると、人生が楽しくなる。

⑦ 「好き」を語ると、友達が増える。

― 新しい自分になる ―

・・・第7の武器・・・

アウトプット力

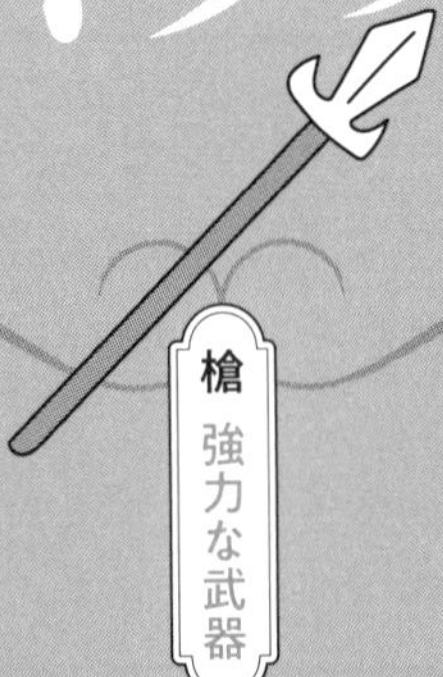

槍

強力な武器

自己成長する最善の方法

アウトプット・サイクルを回せ

19歳までに身につけるべき6つの武器を紹介してきました。そして最後に、究極にして最強、7番目の武器をあなたに授けます。

それが「アウトプット力」です。

7つの武器はどれも重要ですが、**現実を変えるため、そして、自己成長のために必須なのがアウトプット力**です。

しかし、「アウトプット力は重要。だからアウトプットしなさい！」とは言いません。なぜならば、アウトプットだけしていても、アウトプット力は身につかないからです。

先述しましたが、「インプット→アウトプット→フィードバック」を繰り返す。つまり「アウトプット・サイクル」を回すことが、アウトプット力の最大のトレーニングであり、究極の自己成長の方法です。

脳の回路がつなぎ変わり、新しい回路が強化された状態が、脳科学的な自己成長。

アウトプット・サイクルを回すほど、脳の新しい回路が強化されます。今の自分から変わりたければ、あるいは新しいことを身につけたければ、アウトプット・サイクルを回すのがいちばんの近道です。

ＲＰＧの場合、最終目標はラスボスを倒し、世界に平和をもたらすことです。モンスターをたくさん倒してレベル１００に上げても、ラスボスを倒さなければ意味がありません。

では、ラスボスを倒すにはどうすればいいのか？

装備を整え、仲間を集める（インプット）

←

モンスターを倒しながら経験値を得る（アウトプット）

ときどき簡単には勝てないモンスターもいる

←

負けた理由を考察して相手の弱点を考える（フィードバック）

←

装備を補強し、さらに村人から情報を得る（インプット）

↓
再戦する（アウトプット）

モンスターとの戦いを何百回と繰り返し、レベルアップ、スキルアップしながら、最後にラスボスとの対決へと向かいます。

現実社会で考えれば、以下のようなことになります。

インプット……「読む」「見る」「聞く」
↓
アウトプット……「話す」「書く」「行動する」
↓
フィードバック……「振り返る」「見直す」「修正×反省」「改善点を洗い出す」

この3つを繰り返すことが、「アウトプット・サイクルを回す」ということです。

このサイクルを一回転するごとに、あなたはレベルアップし、自己成長を遂げます。

アウトプット・サイクルを回せ！
インプット
読む
見る
聞く
例）教科書を読む
アウトプット
話す
書く
行動する
例）問題を解く
自己成長
フィードバック
振り返る
見直す
修正×反省
例）間違えた問題を見直す

勉強でも遊びでも自己成長はできる！

「レジリエンス」のパートで、１００回失敗しろ！　失敗を経験に変えろ！　と書きましたが、アウトプット・サイクルこそ、失敗を経験に変えるシステムです。

経験が積み上がるとレベルアップ、すなわち自己成長が起きます。

自己成長とは、アウトプット・サイクルを回すことそのものです。

例えば、学校の勉強で考えてみましょう。

（1周目）

授業を受ける、教科書を読む（インプット）

問題を解く（アウトプット）

間違えた原因を分析する（フィードバック）

（2周目）

問題の解説や、教科書、参考書を読み直して理解を深める（インプット）

再度、同じ問題を解くと正答できる！（アウトプット）

やや難しい応用問題に挑戦して、間違ったら原因を分析（フィードバック）

これがアウトプット・サイクルを回す具体的な勉強です。

学校でのアニメの雑談でも、アウトプット力は鍛えられます。

新作アニメが放映されたら、あなたは第1話を視聴します（インプット）。「面白かった」「敵キャラの必殺技がすごかった」「あのシーンはどういう意味？」「次はどんな展開になるんだろう？」と、クラスメイトと感想を語り合い、疑問や質問をぶつけ合います（アウトプット）。

友人の意見をもとに見返してみると、「そんな見方もあったのか！」と気付きが得られます（フィードバック）。

これもアウトプット・サイクルが回って「気付き」が得られているから、自己成長しています。

学校の授業、自宅学習、友人との会話、部活、サークル活動、本を読んでもアニメやドラマを見ても、**日々の生活すべてでアウトプット・サイクルを回すことができます。**

これを意識していれば、毎日が気付きと発見にあふれていく。毎日が楽しくなっていく。遊びと勉強の両方で、楽しみながら経験値を積み上げ、自己成長していけるのです。**アウトプット・サイクルを回せ！　アウトプットが人生を変える！**　間違いありません！

アウトプット・サイクルと7つの武器

すでにお気付きの方も多いと思いますが、ここまでにお伝えした「Step1 整える」「Step2 つながる」はいずれも、アウトプット・サイクルを回すための準備であり、その一翼を担う能力です。

その観点から、もう一度、6つの武器について振り返ってみましょう。

第1の武器「整える力」

心と身体を整えるために、今の自分と向き会う（インプット）。睡眠、運動、食事など日々の生活を記録する（アウトプット）。視覚化した情報からフィードバックして生活習慣を改善する。

第2の武器  「レジリエンス」

アウトプット・サイクルを回して、失敗を経験に変えることでレジリエンスは育つ。特に、「フィードバック」をしっかりと行うことが重要。フィードバックで、失敗が経験に変わる。

第3の武器  「コントロール力」

スマホやゲームは受動的であり、インプット型の娯楽。長時間の使用はインプットとアウトプットの比率がおかしくなる。コントロール力とは、インプットとアウトプットの比率を適正に維持する力。

第4の武器  「つながる力」

つながりを強めるためには「人と話す」ことが必要。話を聞いて、頭の中で考え、整理し、自分の意見を言う。言った後に、それで良かったかと再度考える。また相手の言葉に耳を傾ける。会話、コミュニケーションとは、アウトプット・サイクルそのもの。質問、相談もまたアウトプット。

第5の武器  「読解力」

本を読んだら感想を話す、書く。インプットしてアウトプットするまでが「読書」。「次はどんな本を読もうか」とフィードバック。この繰り返しが読解力を養う。

第6の武器、「好奇心」

好奇心は、インプットとアウトプットのアンテナであり方位磁針。「楽しそう！」「やってみたい」という好奇心がなければ、インプットもアウトプットも始まらない。新しいことに挑戦せず、毎日同じことを繰り返すのは、フィードバックのない堂々めぐり。そこに成長はありません。

6つの武器すべてが、アウトプット・サイクルを回すために不可欠な要素だということがおわかりいただけたでしょうか。**本書でお伝えしたいのは「整え、つながり、行動する」の3ステップですが、いい換えると、それは「インプット、アウトプット、フィードバックをする」と同じなのです。**

インプット対アウトプットの黄金比率を目指せ！

脳の記憶力について調べた研究では、インプットとアウトプットの割合が、3対7のときに、最も効果的に記憶に定着するということが報告されています。

つまり、**インプットとアウトプットの黄金比率は、「3対7」**。

しかし多くの学生は、ただ教科書を読むばかり（声に出さない）で、問題を解いたりしない（書かない）のです。

もしあなたが学校の成績が悪いならば、それは頭が悪いのではなく、インプットとアウトプットの比率が間違っているからです。

大学生を対象に、学習内容のインプット（教科書を読む）とアウトプット（問題を解く）の比率を調べた研究では、多くの学生が、7対3でインプット中心の勉強をしていることがわかりました。

ある程度、教科書を読んで内容を理解したら、問題をドンドン解いたほうがいい。15分間教科書や参考書を読んで、ある程度、理解が進んだら、30〜40分は問題集を解きましょう。**インプットの2倍以上の時間をアウトプットにあてれば、アウトプットの黄金比率「3対7」に近づきます。**

アウトプット力がない人は仕事がなくなる！

ここまで読んでもまだ、「アウトプットってそんなに大事？」と、その重要性にピンとこない人もいますよね？

アウトプットとは、「話す」「書く」「行動する」ことですから、実行するには、かなりのエネルギー、意志、意欲、勇気が必要です。

「家でゴロゴロしながらスマホで動画を見ているほうがよっぽど楽しい」

これがきっと十代のあなたの本音でしょう。しかしこの本は、あなたが将来、充実した楽しい毎日を送るために、今、何をすべきかを解説した本です。**今から10年後、インプットばかりでアウトプット力がない人は、つまり自分で考え、自分で決断し、積極的に行動できない人は、仕事がなくなります。**

インプットの2倍以上アウトプットしろ！

「言われたことを、言われた通りにやる」だけの仕事は、すぐにでもＡＩ（ロボット）に取って代わられるからです。月給30万円の人がする仕事を、月10万円のコストでＡＩにやらせることができるなら、わざわざ人間を雇う必要はありません。

ただし、ＡＩ（ロボット）はインプットされた命令は確実にこなしますが、自分で考え、自分で決断し、自分から積極的に行動することはありません。その分野は人間が有利です。

好奇心が豊かで、さまざまなアイデアを提案できる人は、やすやすとはＡＩ（ロボット）に仕事を奪われません。10年後も、20年後も、最終的な決断は人間が行っているはずです。

もし、重要な決断のほとんどを人間ではなくＡＩ（ロボット）が行っている未来が来るとしたならば、それは世界の支配権をＡＩ（ロボット）に奪われた、映画「ターミネーター」や「マトリックス」のようなディストピア（暗黒世界）になっていることを意味しますから。

アウトプット仕事ができる人になろう！

将来、あなたがＡＩ（ロボット）に仕事を奪われないために、今できることは何でしょう？　それは「アウトプット仕事」ができる人になるよう意識することです。

言われたことを言われた通りに遂行する、上司の指示通りに働くことを「インプット仕事」といいます。

昭和の時代は、上司の言うことに「わかりました」と、言われた通りにやる社員が出世し、成功しました。忠実にインプット仕事をこなすことが、出世の条件だったのです。「自分はこう思います」なんて反対意見を言えば言うほど、上司の不評を買っていたものでした。

令和の時代は、どう変わったでしょう。やり方、書式、マニュアルなどが決まっている仕事は、プログラム可能です。わざわざ人間がやらなくても、ＡＩに任せれば、文句も言わず休みなしで稼働してくれる。この点では、人間はＡＩに太刀打ちできません。絶対に負けます。

あなたがやるべきなのは、**自分で考え、決断し、新しいアイデアを盛り込み、より良いものへと改善していく「アウトプット仕事」です。自分ならではのオリジナリテ**

AI時代に必要とされる「アウトプット仕事」

インプット仕事
自分で考えない仕事

- 受動的
- やらされ感
- 指示待ち
- 努力、根性
- 人から動かされる
- 保守的、前例主義
- コツコツ
- 情報を受け取る
- 学ぶ、教えられる

自己成長が遅い

将来、
なくなる仕事

アウトプット仕事
自分で考える仕事

- 能動的
- 自発的
- 自主性、主体的
- クリエイティビティ（創造性）
- 人を動かす
- チャレンジ、イノベーション（革新）
- ダイナミック
- 情報を発信する
- 人に教える

どんどん自己成長する

将来、
引く手あまたの仕事

イや、0を1にする創造性を工夫して盛り込むことです。会社員でもフリーでも、それは非常にやりがいのある仕事で、生きがいに満ちた人生になることでしょう。

また、アウトプット仕事に秀でた人は、多くの企業から引く手あまたです。ヘッドハンティングされ、転職して収入アップ、スキルアップが簡単にできる。自分で独立起業することもでき、未来の可能性が無限に開けるのです。

一方で、自分で考えて決断できず、アイデアもないインプット仕事人間は、独立起業はおろか、副業すらできないでしょう。社長や上司の顔色をうかがいながら、言われたことを黙々と遂行するだけのストレスフルな日々。そんな仕事が楽しいはずもありません。労働環境が劣悪なブラック企業で、会社人間として、社畜として雇われ続け、やがて職を失う悲惨な未来が待っているのです。

アウトプット力を鍛える3つの方法

アウトプット力を鍛える方法については、拙著『学びを結果に変えるアウトプット大全』（サンクチュアリ出版）、また同書を中高生にも理解できるようにわかりやすく解説した『極アウトプット』（小学館）でも詳しくお伝えしています。

ここでは、十代でも今すぐできるアウトプット力を鍛える方法を3つだけお伝えします。

方法1 本を読んだら感想を書く

「読解力」のパートで説明したように、本を読んだら感想を書く。それによって、読解力がアップするとともに、アウトプット力も養われます。

感想を「話す」のは最初のステップ。**「書く」ほうが、より脳を刺激するので、400文字くらいの短文でいいから、本の感想を書いてみましょう。**

きちんと集中して、3冊分（3回）書くだけでも、明らかに感想文を書く力は上達します。7冊分書く頃には、見違えるような文章が書けるようになります。

「読書はまだハードルが高い」という人は、「アニメを見たら感想を書く」「漫画を読んだら感想を書く」あたりから、始めるといいでしょう。

「感想を書く」ためには、本の内容を振り返り、自分と向き合い、整理し、構成する。そして、文章を書く必要があります。あなたが思うよりも、はるかに複雑なプロセスを脳の中で行っており、それは最高の「脳トレ」です。

本を読んで感想を書く。「めんどくさい」「難しい」と思った人は、ラッキーです。それは、あなたにとって「ちょいムズ」の程よい難易度。**ちょいムズは絶好の経験値獲得&レベルアップのチャンス**ということです。

「そんなの簡単」と思った人は、800〜1200文字の長文の感想に挑戦してみましょう。

方法2　日記を書く

本を読んで感想を書くのが「絶対に無理」という人は、日記を書いてみましょう。本を一冊読むのはたいへんですが、日記であれば、今日一日を振り返るだけ。誰でも一日で、何かしらの出来事を経験しているはずです。

これも400文字前後でまとめると、良いトレーニングになります。

もし無理であれば、今日あった出来事を、箇条書きで書くだけでもかまいません。

一日を振り返る。それは、自分と向き合うこと。自己洞察にもつながりますから、レジリエンスを鍛えるトレーニングにもなります。

ほとんどの人は、普段、文章を書きません。友達への1行のチャットは話し言葉の延長なので文章とはいえない。ですから、普段やらないこと、自分と向き合い、それを短い文章にするだけで多くの気付きが得られます。

私は「3行ポジティブ日記」をおすすめしています。今日あった楽しかったことを、1つ1行で3つだけ、ノートに書きます。これだと、3~5分あればできます。

ポジティブなことだけを書くので、ネガティブ思考を手放す練習になります。すなわち、レジリエンスが高まるのです。

楽しかったことに注目すると不安も抑制できます。「楽しかった出来事」をイメージしながら布団に入り、楽しい気分のまま眠りにつけば睡眠の質も向上します。

慣れてきたら、1つにつき2行以上、楽しかった出来事を詳しく書いてもいいでしょう。3つにこだわらず、もっとたくさん書き出してもいい。

「楽しいこと」を思い出しながら、アウトプット力を鍛えることができます。

方法3 情報発信する

1と2の応用編となりますが、X(旧Twitter)やインスタグラムなどのSNSに、本やアニメなどの感想を書く。

情報発信をすると、飛躍的にアウトプット力が身につきます。**「人に見られる」「人に読まれる」という適度な緊張感が、脳を活性化させるのです。**一文一文を丁寧に、真剣に書くようになる。結果として、アウトプット力が爆上がりします。

例えば、高校生男子のX利用率は、62・6％です（サイバーエージェント次世代生活研究所「2023年Z世代SNS利用率調査」）。約3人に2人がXのアカウントを持っているのです。**Xを「見るだけ」「読むだけ」のインプット・ツールとして使うのではなく、自分も文章を書いて投稿する。アウトプットのツールとして活用する**のです。

あるいは、Xに「勉強垢（勉強用アカウント）」を作っている高校生も多いです。その日の勉強時間や内容を記録してモチベーションを高める。他の勉強垢とつながって励まし合う。勉強垢も、情報発信の第一歩です。

アニメ（原作は漫画）『推しの子』のキャラクターに、現役高校生ユーチューバーの「MEMちょ」がいます。彼女のYouTubeの登録者数は37万人、TikTokのフォロワー数は63・8万人という設定です。

高校生でも情報発信をしていて、数十万人のフォロワーがいるというのは、全く不思議ではないということ。実際、YouTube、インスタグラム、Xで、10万人超えの現役高校生インフルエンサーは何人もいます。

「インフルエンサーを目指せ！」とは言いません。しかし、情報発信は楽しいです。フォロワー数100でも、自分で発信した文章に「いいね」やコメントがつくとモチベーションが飛躍的に上がります。

楽しいと、知らず知らず続けてしまうし、文章や書き方、アウトプット力が上達していきます。上手な投稿ができれば、フォロワーが増えて、バズる可能性も高まります。やがては収入が得られる可能性もあるのです。情報発信のアウトプット・サイクルを回せば回すほど、インフルエンサーに近づきます。

ちなみに、**大学生はSNSのフォロワーが数千人いるだけで、就職活動が圧倒的に有利になります。SNS全盛時代の今、SNSや動画をただ「見る」だけの「ひまつぶし人間」「インプット型人間」よりも、SNSの仕組みに精通し、実際に使いこなしている「アウトプット型人間」を企業も採用したいのです。**

ただし、注意すべきは、個人情報を出しすぎないこと。また、悪口、批判、誹謗中傷は書かないこと。ネットリテラシーを守り、他人を気づかいながら、楽しく情報発信してください。

・・・まとめ・・・

① インプット→アウトプット→フィードバック。アウトプット・サイクルを回すことで、自己成長が加速する。

② アウトプット・サイクルを回すことが、アウトプット力の最大のトレーニング。

③ アウトプット・サイクルを回せば、7つの武器が強化される。

④ インプット対アウトプットの黄金比は3対7。

⑤ 自分で考えて、自分で決断し、自分で行動する。アウトプット仕事ができる人が、ＡＩ時代の成功者になる。

⑥ 本を読んだら感想を書く！

⑦ 日記を書こう！　自分と向き合うことで、自己洞察力が高まる。

⑧ 情報発信をしよう！ＳＮＳはアウトプットに使う！

無限の可能性

〜やりたいことを仕事にできるか

「7つの武器」のトリセツ

19歳までに手に入れてほしい「7つの武器」。その全てをあなたに授けました。

この「7つの武器」を日々の生活の中で、具体的に、どのように使えばいいのでしょう。どうしたら「十代の悩み（モンスター）」を退治し、より良い人生を送る準備をすることができるのか？　本書の最後に、その取り扱い方法を説明します。

ユーチューバーになりたい！

ミュージシャンになりたい！

サッカー選手になりたい！

小説家になりたい！

今あなたは「大きな夢」を抱いていますか？

夢を持つ。大きな目標を持つ。それは素晴らしいことです。十代のあなたにしかで

きない特権でもあります。

しかし実際に夢を叶《かな》えて、ユーチューバーやミュージシャンになることはできるのでしょうか。必死に努力すれば、可能性は開けるのでしょうか。

「趣味」や「好き」を仕事にできますか？　という相談は、私のYouTubeチャンネルにもよく寄せられる質問です。ここでは、「やりたいことを仕事にできるか」をテーマに考えてみることにします。

ユーチューバーとして成功できますか？

「ユーチューバーになりたい！」という人は多いはずです。楽しそうだし、フォロワーが増えれば、年収1億円も夢ではありません。しかし、ライバルは、ものすごく多そう。

私自身がYouTube「精神科医・樺沢紫苑の樺チャンネル」（登録者数約50万人）のユーチューバーであり、YouTubeチャンネルの運営ノウハウにも習熟していますので、「ユーチューバーになりたい！」を例に、「夢の実現」について書きます。

ユーチューバーは、中高生の「将来なりたい職業」のランキング上位にくる人気職業の一つです。

「中高生が思い描く将来についての意識調査2023」（ソニー生命保険調べ、対象1000人）によると、「将来なりたい職業」のランキングで、中学生男子の第1位が「YouTuber などの動画投稿者」でした。中学生女子でも第3位。高校生になると少し下がって、男子で8位、女子で7位という結果です。ユーチューバーは、十代にとって、人気のある職業の一つであることは、間違いありません。

あなたの夢は実現可能か？　1秒で判定する方法

ユーチューバーになりたいです！

私は、ユーチューバーとして成功して食べていけますか？

私は、あなたに一度も会ったことはありませんが、あなたがユーチューバーとして成功できるかどうかは、1秒でわかります。

あなたは今、YouTubeに何本の動画を上げていますか？

「すでに10本以上、上げています！」というなら、成功確率は高いと思います。「すでに30本の動画が上がっています！」という人は、成功確率は極めて高いでしょう。

しかしながら、「YouTubeをこれから始めます」「バズるYouTubeチャンネルを必死に研究しています」という人が成功する確率は、極めてゼロに近いと言わざるを得ません。「ユーチューバーになりたい！」と口では言いますが、あなたは本気で、そして誰にも負けないような圧倒的な情熱を持って、「ユーチューバーになりたい！」と思っていますか？

スマホ一台あれば、YouTube用に動画を撮影し、編集し、アップロードすることができます。無編集で、動画の質を問わなければ、3分の動画を撮って、新しくチャンネルを作って、最初の投稿をするまでに、1時間もかからないでしょう。周到に準備したとしても、一日あれば十分です。

たった一日もあればできることを、あなたはいまだにやっていない。それで本気で「ユーチューバーになりたい！」と言うのですか？　口では言うものの、何の行動も努力もともなっていない。それがあなたの本気だとするならば、あなたの「夢」の実現確率は、限りなく「ゼロ」です。

「ユーチューバーになりたい！」「俺は、絶対にユーチューバーになる！」と本気で思っているなら、まずは動画を撮って編集し、チャンネルを開設して、アップロードすればいい。

最初は、10回しか再生されないかもしれません。しかし、最初の一本を上げていることは、大きなアドバンテージです。最初の一本が10回再生でも、2本目は20回再生するかもしれない。そして50本目、100本目と続けていけば、どこかでバズって1000回、1万回再生の動画になるかもしれません。

HIKAKINさんも、はじめしゃちょーさんも、最初の一本目からバズっていたはずがありません。動画について学び（インプット）、動画を作ってアップする（アウトプット）。再生されない原因をフィードバックし、内容の異なる動画をアップしていく。インプット↓アウトプット↓フィードバックを繰り返しながら、「バズる」まで動画を作り続ける。それが、YouTubeの必勝法です。

本当にやりたいならば、やればいい！

「ユーチューバーになりたいです！　私は、ユーチューバーとして成功できますか？

食べていけますか？」と質問していながら、まだYouTubeに動画を一本もアップしていない人は、成功する確率0％なのです。

本当にやりたいのなら、やればいいのです。小さく始めればいいのです。高校生にとっては入手困難な大金や、何ヶ月もの時間がかかるのなら話は別ですが、動画一本作ってアップするのは一日あればできるのですから、やっていないのがむしろおかしい。もし現時点でまだ動画を上げていないのなら、ただ、なんとなーく「ユーチューバーになりたいなあ」と思っているだけで、猛烈に心を突き動かすほどの願望になっていない証拠です。

それは、あなたの「夢」でも「目標」でもない。ただの「思いつき」か「妄想」です。

やりたければ、さっさとやればいいのです。なのに、なぜやらないのですか？

親や友人は、「ユーチューバーなんて無理」と言うかもしれません。しかし、誰が何を言おうが関係ないのです。あなたは、親が反対したら、その夢をあきらめるのですか？　友人の一人が、「あなたの動画はつまらない」とバカにしたら、それだけで夢をあきらめるのですか？

人生はあなたのものです。自分で考え、自分で決断し、自分で行動すべきです。

人の言いなりになる必要はない！

やりたければ、やればいい！　小さく始めるのに、何のリスクもありません。

YouTubeは、匿名でも、顔を出さずに動画を作ることもできます。

登録者数100万人を達成する方法

YouTubeを始めるなら、登録者数100万人の証である「ゴールドの盾」は、大きな目標となります。では一体、どうすれば100万人を超えることができるのか？

その方法を教えます。

「登録者数100万人を必ず達成する方法」。それは、一日一本のYouTube動画更新を、登録者数が100万人を超えるまで、毎日続けることです。

どうですか？　この方法なら、100万人を超えられますよね。

「そんなこと無理」「そんなの確実な方法じゃない」と思ったあなたは、ユーチューバーとしての素質はないので、あきらめたほうがいいでしょう。

「なんだ、そんな簡単なことで登録者数100万人を達成できるのか」と思ったあなたは、ユーチューバーとして生計を立てられる可能性が十分にあります。

ちなみに2014年、YouTubeが少しずつ流行り始めた頃、私は「これからは、

自分で考え、
自分で決断し、
自分で行動する

間違いなく動画の時代が来る！」と確信し、「YouTubeを始めよう」と決めました。目標は「登録者数100万人」。その戦略は、「100万人を超えるまで、毎日一本動画を更新する！」でした。

実際に同年4月から、YouTube動画の毎日投稿を始め、現在まで10年以上、一日も欠かすことなく動画を投稿し続けています。私の動画は一本5分前後の短いものですが、現在までに、のべ動画投稿数は7000本を超えています。

現在50万人を超えたところで、100万人への道のりはまだ遠いですが、これからも、登録者数100万人達成まで、毎日投稿を続けていくだけです。

「本当にやりたい！」「圧倒的にやりたい！」「絶対に達成する！」

そう思っていれば、それほど難しいことではありません。一日の中で、時間を決めて、ルーティンにして、動画作成を続ければいいのです。

実際問題として、ユーチューバーとして生計を立てるのに100万人もの登録者は不要です。10万人もいれば、まあまあの収入は得られます。皆さん、あきらめるのが早いのです。コツコツと結果が出るまで続ければ、ユーチューバーで生計を立てることは可能だと思います。

やめるのは、いつでもできる

「夢」を語る人は多い。ですが、そのためにやるべきことをしていない人が多いのです。

ミュージシャンになりたいのなら、作曲するか、楽器の練習を必死にする。

小説家になりたいのなら、毎日、原稿を書き続ければいい。

「プロ」になれるかどうかはわからなくても、「最初の一歩」を踏み出すことは誰でもできます。しかし、**90%の人は、最初の一歩すら踏み出さない。**

先述の「中高生が思い描く将来についての意識調査」では、高校生男子の7・5%が、なりたい職業として「ユーチューバー」を挙げていますが、そのうち一本でも動画を上げている人は、10人に1人もいないでしょう。

ほとんどの人は、「無理そうだから、やらない」のです。チャレンジすらしないから、「成功確率は0%」です。

やめるのは、いつでもできます。自分はユーチューバーとして「適性があるのか？」「成功できるのか？」と自信が持てない人は、とりあえず100本の動画を上げてみたらいいのです。100本目の動画の再生数が100回を超えていなければ、あなたにユーチューバーの適性はありません。ならば、そこでやめたらいいのです。

しかし、100本更新を目指すプロセスで、1万回再生の動画が一本でも作れたら、あなたには十分に「ユーチューバーの適性」がある。バズった動画を徹底的に分析して、バズる確率を高めていく。経験値を上げ、レベルを上げていく。少しずつですが登録者数を増やし、YouTubeからの収入を増やすことができます。

全ての夢、目標の実現に共通していえますが、アウトプット・サイクルを回すほど、あなたの成功確率は高まります。

楽しみながら、こなせるか？

「好き」を仕事にすることは、簡単ではありません。膨大な時間と精神エネルギーを必要とします。しかし、「本当にやりたいこと」であれば、苦しむことなく、楽しみながらこなしていけるはず。

最初の質問に戻りましょう。「ユーチューバーとして成功できますか？」

私の結論はこれです。

「膨大な時間と精神エネルギー、継続するモチベーション、すなわち圧倒的な努力が必要ですが、やればやっただけ効果は表れるので、努力や試行錯誤の量に比例して、

いつかは成功できる」

「つらい」「たいへん」「しんどい」という思いが強いのなら、おそらく成功しないでしょう。膨大な努力を楽しみながらこなせるならば、それは「継続」につながります。ひょっとすると、成功するかもしれません。

楽しみながら、こなせるか？　そこが、挫折するか、最後までやり抜けるかの分かれ道です。

小学生でも「文庫本」が出せる！

第5の武器「読解力」の章でお伝えした、私の最も好きな小説家・栗本薫さんは、「グイン・サーガ」シリーズの正篇130巻、外伝22巻など多くの作品を遺し、56歳の若さで亡くなってしまいました。膵臓がんだったそうです。

彼女が死去した翌年の2010年に開催された「稀代のストーリーテラー　栗本薫／中島梓展」（弥生美術館）に私が行ったときの話です。

小説家・栗本薫の軌跡を、初版本、原稿、装幀原画、写真などの作品資料によって振り返ろうという壮大な展示でした。その中でも、最も私の印象に残ったのが、手のひらサイズ（縦8センチ、横4センチくらい）の小冊子です。

小さな文字で小説がびっしりと綴られた何枚もの紙がホチキスで留められ、文庫本のようになった冊子が、いくつも展示されていたのです。小学生だった栗本少女によって作られたものだそうです。

栗本さんは、小学生の頃から小説を書き始め、手製の文庫本を作って、それが同級生の間で回し読みされていたのです。

小説家になりたい！　と思ったなら、小説を書き始めればいいのです。少なくとも、栗本さんは小学校の頃から小説を書いていた。たくさん書けば書くほど上達するのが、文章です。

本当に「小説を書きたい」のなら、書き始めているはず。何冊も書くうちに、友人たちのフィードバックももらえて、その筆力はメキメキと上達していく。**「インプット→アウトプット→フィードバック」のサイクルを回すほどに、あなたは夢の実現に近づいていくのです。夢の実現確率が高まるのです。**

「小説家になれますか？　なれませんか？」

今すでに小説を書いている人は、十分に可能性は開けている。まだ何も書いていない人は、無理でしょう。

今「行動している」かどうかで、その夢の実現性がわかります。

46年かけて、「映画評論家になる」夢を実現した男！

私の実例をお話ししましょう。

誰しも子供の頃、「なりたい職業」というものがあったと思います。私の場合は、小学6年生の頃に「映画評論家になりたい！」と思いました。テレビの「月曜ロードショー」の解説をしていた、映画評論家・荻昌弘さんに憧れたからです。

小学6年の誕生日に、カセットテープレコーダーをプレゼントされた私が初めて録音したものは、「月曜ロードショー」の荻さんの解説でした。その解説を、テープで聞き返しながら、「文字起こし」をしたのです。荻さんの心に響く映画解説の秘密を探るべく、毎週テレビの音声を録音しては、全文を書き起こしていました。

高校生になると、映画の解説や評論を、自分で書くようになっていました。SF雑誌「STAR LOG（スターログ）」に毎月投稿しては、何度か掲載されて、「やったー！」と飛び上がって喜んだ記憶があります。大学に入ってからは、毎年200本の映画を映画館で観て、全作品の映画評論を書いていました。

大学6年間で1000本の映画を観て、1000本の映画批評を書いたのです。まさに、千本ノックです！

当時、最も権威ある映画雑誌「キネマ旬報」に「読者の映画評」という投稿コーナーがありました。そこの常連になれば、「映画評論家への道が開けるのではないか」と考えた私は、月に2回必ず、渾身の映画批評を投稿しました。

「読者の映画評」には毎月100本以上の応募があり、掲載されるのはたったの3本。倍率30倍超です。あきらめずに投稿を続けた結果、36回投稿したうち、4回掲載されました。いま考えると、このときの集中した映画評論の執筆が、文章力の上達、そして現在の作家活動につながっていると思います。

私の掲載率は10%ちょっとですが、それでも映画評論家になりたい思いから、毎月映画評を書いては投稿し続けました。いま思うと、すごいエネルギーだったと思いますが、本当に映画評論家になりたいなら、そのくらいは当たり前のことでしょう。

その後も、誰にも読まれない映画評を書き続けました。やがてインターネットの時代になり、自分の書いた文章などを、ウェブサイトに掲載することで、たくさんの人に読んでもらえるようになりました。映画のメールマガジンを発行し、読者数が5万人を超えました。

私は、これまで映画に関する本を3冊出版しています。映画のパンフレットに掲載されたこともあります。私のプロフィールには、「精神科医、作家、映画評論家」と書いてありますが、実は、映画評論家だけは「自称」でした。

映画雑誌に連載を持ってこそ、映画評論家と堂々と名乗ることができる。そう考えていた私は、ただひたすら書き続けました。そしてついに、２０２４年1月から、映画雑誌「ＦＬＩＸ」に映画解説の連載を持つことができました。

「映画評論家になりたい！」と思った小学6年から46年かかって、ようやく子供の頃の夢を実現できたのです。

重要なのは、大学生の頃から今まで40年間にわたって、観た映画のほとんどについて、感想、映画評を書き続けたことです。私は、近年では年間１００本ほど映画を観ているので、累計４０００本以上の映画評を書いているはずです。

つまり、４０００回インプット→アウトプット→フィードバックのサイクルを回してきた。４０００本もの映画評を書いている人は、世の中にそう多くはないはずです。

間違いなく、映画の観察力も文章力も上達しています。

映画評論家というのは、絶滅危惧種の職業です。いまや映画雑誌自体が数えるほどしか残っていないからです。それでも、「アウトプット・サイクル」を回し続ける限り、ドンドン夢に近づくことができる。「映画評論家になりたい！」という、一見不可能な夢も、46年かけて実現することができました。

実現するまであきらめずに続けていけば、いつか夢は叶う。これが、私のポリシーであり、実感です。ただし、誰にも負けない質と量と精度で、「アウトプット・サイクル」を回し続けることが大前提です。

「好き」や「趣味」は職業になる!?

★ 一生懸命努力すれば、報われますか？ ★

私は、「努力」という言葉が嫌いです。たいへんそうなイメージが強いからです。人間にとって、「つらい」「たいへん」なことを長期で続けることは困難です。楽しみながらやれば、続けられるし、結果は出ます。

「つらい」「苦しい」「たいへん」は、ストレスになる。それでも無理して努力し続けると、メンタルがやられてしまう。メンタルをやられて「燃え尽き症候群」になってしまうアスリートやスポーツ選手はたくさんいます。

・燃え尽き症候群……高いモチベーションを保っていた人が、突然やる気を失ってしまう状態。努力に見合う結果が得られなかった場合や、逆に目標を達成したことで他のすべてにやる気を失ってしまう場合がある

「天才とは、努力を努力と思わずに続けられる人」「天才とは、努力を楽しみながら続けられる人」などと言われますが、これは真理だと思います。**努力を苦しみながら続けることは、脳の仕組みからして不可能なのです。必ず燃え尽きるからです。**

「努力」ではなく、楽しみながら「アウトプット・サイクル」を回してほしい。

私にとって映画批評を書くのは楽しいことです。自分の解釈によって、映画を全く違った見方で蘇《よみがえ》らせるのが映画評。それを読むことで、「この映画、つまらない」と思っていた人が、「えっ、そんな見方があったのか！」と、１８０度評価を変えたりするのですからやりがいもあります。

SNSにアップして「いいね！」や「コメント」がつけば、ものすごい励みにもなります。モチベーションも爆上がりです。

努力する必要などありません。楽しみながら、アウトプット・サイクルを回す。一歩ずつ、少しずつ、昨日の自分よりも自己成長していく。小さな亀の歩みでいいのです。

SNSやインターネットでの情報発信を続けていくと、フォロワー数が増えていきます。数万人を超えれば、「小遣い」程度の収入が発生します。10万人を超えれば、かなりの収入になります。新卒サラリーマンの収入くらいは楽に超えるでしょう。

それは、結果として、「プロ」になるということ。「好き」「楽しい」「趣味」が職業になるのです。

今は、インターネット、SNS全盛の時代です。フォロワーが増えれば、収入も増える。つまり、あなたを応援してくれるフォロワーさえ増えれば、生計が立てられるということです。

「好き」「楽しい」「趣味」を情報発信して、あなたの応援者を増やす。フォロワーを増やしていく。「好き」や「趣味」を、職業として生計を立てる！

不可能ではありません。可能性は十分に開けているのです。

やりたいことを仕事にできるのか？

本当にやりたければ、すぐに始めたほうがいい。いや、始めなくてはいけない。冒険に出かけたければ、今すぐ装備して、仲間を集め、冒険に出ればいいのです。中学生でも、高校生でも、できることはあるはずです。

私が大好きなエピソードがあります。

北海道函館市出身のロックバンド「GLAY」。その楽曲の多くを作詞作曲しているのが、ギタリストでリーダーのTAKUROさんです。

そのTAKUROさんが、函館の高校を卒業後、プロデビューを夢見て上京し、ついにレコード会社の人と会ったときの話です。

「君、作曲ができるっていうけど、何か曲持ってるの？」

そう聞かれて「100曲くらいならあります」とTAKUROさんは答えたといいます。

15歳から詞を書き始め、17歳から作曲も手がけていたTAKUROさんは、高校を卒業した時点で、バンドで歌っていた楽曲だけで40曲以上。未完成、草稿を含めて100曲以上の楽曲を持っていた、というのです。

本当に音楽が好きなら、高校生でも作詞作曲を始めることはできます。最初から素晴らしいものは書けないにしても、曲を作れば作るほど上達していくでしょう。「プロのミュージシャンなんて無理」と周りから言われるかもしれない。でも、本当に好きであれば、詞や曲を書き続ければいい。「ダメだ」と否定されても、隠れてでもやるくらいの強い思い、衝動が必要でしょう。

GLAY TAKUROさんとの対話

★ 自分の「好き」を仕事にしたい ★

楽しいことを仕事にしたい。つらいことは、やりたくない

自分の「好き」を仕事にする。「やりたい仕事」だけをやって、「やりたくない仕事」「つらい仕事」はやらない。もしそれが実現できたら、素晴らしいことです。

私も北海道出身なのでＧＬＡＹには思い入れがあり、カラオケでもよく歌います。

先の「高校を卒業するまでに100曲も作曲していた」というTAKUROさんのエピソードは、10年以上前にインタビューで語っていたのを覚えていたのです。

しかし数字など詳細があいまいだったので、長い間、あのインタビューをもう一度聞きたいと思っていたのですが……なんと、編集者を介して、TAKUROさんに直接インタビューする幸運を得ました。

「やりたい仕事／やりたくない仕事」について伺《うかが》ったので、その内容をご紹介します。


（樺沢）

「プロのミュージシャンになりたい」という十代は多いと思います。プロとしてやっていける人と、できない人の違いは、どの辺にあると思いますか？


（TAKURO）

「やりたくないことをやらない人」は長続きしないですよね。

やりたくないことを楽しめる人、やりたくないことを前向きにとらえられる人、やりたくないことをやりたくないまま終わらせない人……。

実はデビューしてから現在もずっと、いまだに「やりたくない」場面というのはあるんです。だけどGLAYの4人は、何か一つユーモアを見つけて、つらい仕事でもこの4人でやればなんだか楽しくなるよね、っていう感覚を持っていますね。

どの仕事にも、良い面と悪い面があるもので、自分にとっては「やりたくないこと」だったとしても、その向こうで喜んでくれるリスナーや読者がいることに気付けるかどうか。

ライブで目の前にいるファンの人たちを、ただファンという塊で考えるのではなくて、そこには一人ひとりのドラマやストーリーがあって、何かしら自分たちの歌とつながっているんだっていうこと。それに早くから気付けたのはラッキーだったように思います。

「やりたくないこと」も仲間の支えで乗り越えることができる。

「やりたくないこと」は視座を転換することで、「ファンが喜ぶこと」「ファンへの感謝」に置き換えるとポジティブにとらえることができる。

結局のところ、**「やりたくないこと」をこなしたその次に、真に「やりたいこと」ができるようになっていく、**ということなのでしょう。

冒険には仲間が必要

（樺沢）

今の十代に贈るとしたら、どんな言葉が浮かびますか？


（TAKURO）

最近よく聞く「生きづらい」という思いの根本とは、今の時代は、どこをどうとっても結局、人間関係からしか起こり得ない問題ですよね。

俺は北海道の厳しい自然の中で生まれ育ったのもあって、例えば、クラスの友達とひどい喧嘩をしてしまった日の放課後に、吹きすさぶ吹雪の中を、その喧嘩相手と歩いて帰らなきゃならないことがあって。たとえ喧嘩した相手でも、一緒にいてくれるだけでとっても心強い。それは彼もまた同じで、その吹雪を歩き終えたときには、「さっきの喧嘩なんか小さなことだよね。とりあえず、この街で頑張って生きていこう」みたいな思いに行き着く。子供心にも、そんなふうに思ったことがありました。

この感覚って、今の十代にわかるのかなあ……。

あなたがさまざまに感じている生きづらさや、思い悩むことの原因が、対人間関係だけなのだとしたら、もっと広い世界へ出てみるとか――それは圧倒的な孤独に身を置くでもいい。そういうことで解決できるんじゃないかなあって、思うのが一つです。

一方で、俺にTERU、HISASHI、JIROがいたように、素晴らしい仲間が近くにいてくれればいいな、という願いもありますね。

自分の可能性だけで考えれば、俺がもし一人だったら、「ただの作詞作曲がうまいヤツ」、それだけで終わっていたんじゃないか、と。自分に足りない部分をTERU、HISASHI、JIROが補ってくれて、それで初めて今、俺は職業としてGLAYをやれています。だけど、彼らがいなければ箸にも棒にもかからない、イチ音楽好きの売れないミュージシャンで終わったかもしれない。

人間関係のわずらわしさっていうものは、ある意味、大自然に身を置くことで解決できるっていうことでもある。その反面、自分一人で未来が見えないんだとしたら、同じ志を持つ誰かと一緒にスクラムを組むだけで突破できることもあるよ、ってことは伝えたいです。俺が実際にそうだったんですよ。

一緒に進む仲間がいるだけで、冒険は助けられる。冒険は楽になる。そして、「生きづらさ」も解消される。

TAKUROさんと、とても心のこもった言葉で会話することができて、たいへん有意義な時間でした。

夢中になれ！

中学、高校時代は、何かに夢中になってほしい！

趣味やスポーツ。音楽やアートの活動。部活動やサークル活動。

心から「楽しい」と思える、そして、「時間を忘れて取り組める活動」に、夢中になってほしい。没入してほしいのです。

私は、中高生時代は、暇さえあれば本を読み、映画を観ていました（第6の武器）。高校生の頃には、映画批評も書き始めていました。インプットとアウトプットの繰り返しの日々です。

夢中になることで、「好奇心」（第6の武器）が刺激されます。夢中になって、練習し、ダメ出しもされて、さらに練習する。それは、「アウトプット・サイクル」を回すこと（第7の武器）。

部活動やサークル活動をすれば、お互いに助け合い、支え合い、やがてはかけがえのない「仲間」ができます。それは、「つながり」の強化（第4の武器）であり、コミュニケーションの練習でもあります。

時につらいこともあるし、壁にぶつかることもある。サークル内でのゴタゴタ、先輩や後輩との人間関係が面倒くさいかもしれない。でもそれはそのまま「レジリエンス」のトレーニングになります（第2の武器）。

趣味でもスポーツでも、上達するためには、本を読んで勉強する必要が出てくる。「バンドを始めよう！」と思ったら、「ギター入門」や「ギター上達法」の本を買ってきて、読みながら練習するはずです。夢中になる趣味があれば、読書量も増え、読解力も養われます（第5の武器）。

趣味に夢中になることを通して、私たちは「7つの武器」に磨きをかけることができるのです。

本当にやりたいのならば、今すぐ始めればいい！　いや、始めていないのであれば、それは「本当にやりたい！」ことではないのです。

「本当にやりたい！」のであれば、夢中になって続けてください。続けられないとしたら、それは「本当にやりたいことではない」ということです。

「夢中になる」とは、集中力のトレーニングです。スマホやゲームは手放し、趣味やスポーツに夢中になって、時間を忘れるほど没入していく。「非常に集中力が高い」状態に入り、それが維持される。その高い集中力は、学校の勉強をするときにも発揮されます。社会人になって、仕事をするときにも発揮されます（第3の武器）。

ちなみに、集中力を下げる最大のトレーニングが「スマホ」です。「通知」がピロリンと鳴るたびに、せっかく高まった集中力は「ゼロ」にリセットされる。それを毎日、続けていたら、深い集中に入ることは難しくなります。常に注意散漫な状態で、すぐに脳も疲れてしまいます。

30分の集中力も維持できないならば、学校の勉強も手につかない。9秒しか維持できないといわれる金魚の集中力のような状態では、これからもずっと、勉強も仕事もうまくいくはずがありません。

趣味、遊び、スポーツに夢中になることで、集中力を高めて、脳を活性化することができる。スマホやゲーム以外で、何か「夢中」になれることをぜひ十代のうちに見つけてください。

〜さいごに〜

なぜ「19歳まで」なのか？

「7つの武器」はなぜ、18歳ではなく、19歳までに必要なのでしょう？

「Step1」でも解説したように、人間の成長は十代の後半から、二十代の前半でほぼ完成します。その後も心と身体は成長しますが、そのスピードはどんどん遅くなっていきます。


十代のあなたは、経験値が10倍になる「幸せの靴」を履いている。

その**「幸せの靴」の有効期限こそが、19歳**なのです。

「幸せの靴」の効果がなくなってしまう19歳までに、「7つの武器」を身につけて、荒波がうねる社会へと冒険に出てほしいとの願いから、本書の企画はスタートしました。

当初の予定では、十代のみなさんにありがちな個別の質問や悩みについて、最終章にまとめて「答え」を書くつもりでした。しかし、私が「悩み」に答えてしまうと、本書の意味が全くなくなってしまいます。

自分の「悩み」に答えを出すのは、「あなた」です。

自分で「答え」を導き出す、本質的な「力」を育ててほしい。冒険をしながら自分にとっての「答え」を導いてください。一人ではそれが難しいときは、「仲間」や「本」があなたを助けます。

かけがえのない、あなたの人生です。自分で考えて、自分で決断し、自分で行動してください。

安易に人の意見を受け入れない。自分の頭で考える。わからなければ、行動すればいい。失敗すればいい。いや、100回失敗してください。

100回の経験を積み上げたときに、あなたの「答え」は正しかったのか。あなたにとっての「真の正解」が見えてきます。

「生きる力」を身につけよう

自力で「答え」を見つける力。それこそが、「生きる力」です。

これからの人生で、あなたは大きな壁に直面するかもしれない。高い確率で挫折も経験するでしょう。しかし、自力で「答え」を導き出す力さえ備えていれば、倒れてもそこから立ち上がることができる。それが、「生きる力」です。

あなたが「生きづらさ」を抱えていても、「生きる力」があれば必ず乗り越えられます。「生きる力」は、もともとはほとんどの人が備えていた、「当たり前の力」だったはず。しかし、コロナ禍の「つながり不足」「コミュニケーション不足」「運動不足」によって失われてしまったように見えます。だから今、その「生きる力」を取り戻してほしいのです。

自分で考えて、自分で決断し、自分で行動する。「生きる力」を身につけて、自分の力で生き抜いていくしかありません。

「生きる力」は、あなたがいま手に入れた「7つの武器」を磨きあげていくことで養われます。「7つの武器」を使う試行錯誤の中で強化されていくのです。

もしあなたが、これからの人生で壁にぶつかったときは、この「7つの武器」を一つひとつ見直してみましょう。うまくいかない理由が分かるはずです。

あなたは無限の可能性を持っている!

30年前は、無名の個人が数万人もの人に自分のメッセージを伝えることは、不可能でした。しかし今の時代、SNSを使えば、数万人に自分のメッセージを伝えることが可能です。高校生であっても、インスタグラム、YouTube、Xで、数万人のフォロワーを持つ人は、たくさんいます。

ChatGPTを使えば、簡単に情報を集め、整理し、リライトすることも可能です。自分一人でやれば10時間かかっていた作業を、数分で終わらせることができる。

Google翻訳の精度は高く、英語のサイトも一瞬で翻訳してくれるし、自分の書いた文章を英語に変換するのもワンクリックです。

音声入力も非常に便利で、本書の執筆でも活用しています。音声入力でだいたいの文章を作成してから、最後にパソコンで微調整する。以前は3時間かかった執筆作業が、1時間に短縮できるようになりました。

これらの超便利なサービスが、ほぼ無料で使える時代なのです。

私は現在、累計100万人以上のフォロワーに対して情報発信をしています。それは、1998年に初めてウェブサイトを作ってから26年間かけて、ようやく到達した数字です。しかし、YouTubeを始めてから数年ほどで登録者数100万人を突破している二十代のユーチューバーもたくさんいます。

SNS、AI、テクノロジーの進化によって、成功までの期間は、十分の一以下に短縮されたのです。これをチャンスと言わずに、何と言うのでしょう？

世の中のほとんどの人は、インターネットやSNSを「見る」だけです。つまり、「インプット」の情報源としてしか利用していません。それは、情報を「雑誌」や「テレビ」から得ていた「昭和」の時代と何も変わっていないのです。

しかし、インターネットやSNSは、「アウトプット」のツールです。アウトプットのために使えば、あなたの時間や能力を、10〜100倍にしてくれる。「生まれつき頭がいい」とか「学校の成績が良い」とか、もはや関係のない時代に突入しています。

「記憶力が高い」「暗記が得意」な人間は、もはや不要。

オリジナルの「発想力」。0を1にする「創造性」を持っている人が、大躍進します。

毎日、何時間もスマホを眺めているのに、インターネットやSNSのポテンシャル、真の価値に気付いていない人がほとんど。令和時代の成功の鍵は、「アウトプット」であり「情報発信」です。

あなたは無限の可能性を持っている！

しかしながら、自分の時間を「インプット」だけに費やせば費やすほど、その可能性は、限りなく「ゼロ」に近づいていきます。スマホ時間の7割を「アウトプット」のために使ってほしい。それだけで、あなたの無限の可能性は開花します！

実はあなたは、人間の歴史が始まって以来、最も「チャンス」にあふれた時代に生きています。それに気付いてください。

本書を、最後まで読んでくださり、ありがとうございます。

あなたは、「生きる力」を持っています。「無限の可能性」を持っています。本書を「ゲームの攻略本」のように、「人生の攻略本」として、うまく活用してほしい。

さあ「7つの武器」を装備して、冒険に出よう！

「人生」という冒険の旅は、困難も多い分、スマホやゲームよりもはるかに楽しい、やりがいがあるものです。

あなたが、本書から「生きる力」を得るために、一つでも、二つでも「気付き」を得たとするならば、昨日よりも「生きる勇気」が湧いてきたとするならば、精神科医としてこれ以上の幸せはありません。

2024年5月某日
精神科医・樺沢紫苑

あなたは無限の可能性を持っている！

･･･「精神科医・樺沢紫苑の樺チャンネル」のYouTube調査･･･

アンケートの生データは、以下のURLからご覧いただけます。
YouTubeのアンケート機能を使うと、重複投票はできません。厚生労働省の大規模調査でも、母数1万人程度の調査が多いので、母数2万人を超える調査には、それなりの信憑性があると考えられます。

（P2）あなたは、「生きづらさ」を感じていますか？
https://www.youtube.com/post/UgkxjDR8fo2kIxap3DuwU9N6qGyT6OP5E45h
（P30）あなたの心と体は整っていますか？
https://www.youtube.com/post/UgkxCuYhjL_Ooyq5Yka63kyb5Kt9t0XmXBv7
（P34）あなたは、脳疲労ですか？　あなたの、脳と心は、お疲れですか？
https://www.youtube.com/post/UgkxZrRoEgVRapKGKXm3wqKL7wT9Hi-aqQZ3
（P63）頭のよさは、生まれつき決まっている。あなたは、どう思いますか？
https://www.youtube.com/post/Ugkx2yJLJ7pmnuVVKG0M_h9l6lB3aY9Ur41P
（P151）コミュニケーションは、得意ですか？　苦手ですか？
https://www.youtube.com/post/UgkxjdA05xXORCVybiZ7VdwMRnjnAGYxGf88
（P159）中学、高校時代、「友達」はいましたか？
https://www.youtube.com/post/UgkxRKXFSy_bdVyV9hIF-iQMYh2vywNciYZe
（P225）毎日が楽しいですか？　つらいですか
https://www.youtube.com/post/UgkxEt8ERjsDxNpzHLtNCQFOWsqt9N6BseRe

･･･出典・参考図書･･･

本書の内容をさらに深めたい方は、ぜひ下記の書籍もお読みください。本書で述べた根拠となる研究、類似の研究などが多数書かれています。

『ブレイン メンタル 強化大全』樺沢紫苑［著］／サンクチュアリ出版
『SLEEP 最高の脳と身体をつくる睡眠の技術』ショーン・スティーブンソン［著］／花塚恵［訳］／ダイヤモンド社
『睡眠こそ最強の解決策である』マシュー・ウォーカー［著］／桜田直美［訳］／SBクリエイティブ
『脳を鍛えるには運動しかない！　最新科学でわかった脳細胞の増やし方』ジョン J. レイティ、エリック・ヘイガーマン［著］／野中香方子［訳］／NHK出版
『新版・一流の頭脳　運動脳』アンデシュ・ハンセン［著］／御船由美子［訳］／サンマーク出版
『人生うまくいく人の感情リセット術』樺沢紫苑［著］／三笠書房
『レジリエンス入門　折れない心のつくり方』内田和俊［著］／筑摩書房
『スマホ脳』アンデシュ・ハンセン［著］／久山葉子［訳］／新潮社
『スマホはどこまで脳を壊すか』榊浩平［著］／川島隆太［監修］／朝日新聞出版
『最新研究が明らかにした衝撃の事実　スマホが脳を「破壊」する』川島隆太［著］／集英社
『言語化の魔力　言葉にすれば「悩み」は消える 』樺沢紫苑［著］／幻冬舎
『読書脳』樺沢紫苑［著］／サンマーク出版
『精神科医が教える　毎日を楽しめる人の考え方』樺沢紫苑［著］／きずな出版
『精神科医が見つけた 3つの幸福 最新科学から最高の人生をつくる方法』樺沢紫苑［著］／飛鳥新社
『学びを結果に変えるアウトプット大全』樺沢紫苑［著］／サンクチュアリ出版

･･･参考論文･･･

参考論文は、脳に深刻なダメージを与えるなど、主要な論文について出典を明記しました。

（P33）米国の子供の13〜20%が精神疾患に罹患
Mental Health Surveillance Among Children - United States, 2005-2011.
（P43）睡眠6時間以下を続けると、徹夜明けの集中力になる
The cumulative cost of additional wakefulness: dose-response effects on

neurobehavioral functions and sleep physiology from chronic sleep restriction and total sleep deprivation.
Hans P A Van Dongen et al. Sleep.2003 Mar 15;26(2):117-26.
（P43）睡眠時間が短いほど成績が悪い
Sleep schedules and daytime functioning in adolescents.
Wolfson, A. R., & Carskadon, M. A. (1998). Child Development, 69, 875-887.
（P44）睡眠によってピアノの演奏スピードが20％向上
Practice with Sleep Makes Perfect: Sleep-Dependent Motor Skill Learning.
M. Walker et al. Neuron, 35 (2002): 205-211.
（P44）10時間睡眠によってバスケットボール選手の運動能力が改善
The effects of sleep extension on the athletic performance of collegiate basketball players.
C. D. Mah et al. Sleep, 34 7 (2011): 943-50 .
（P45）睡眠時間が短い子供は、海馬の容積が小さい
Sleep duration during weekdays affects hippocampal gray matter volume in healthy children.　Y. Taki, et al. NeuroImage. 2012 Mar 60(1):471-475.
（P45）睡眠不足でシナプスの分解が促進
Sleep Loss Promotes Astrocytic Phagocytosis and Microglial Activation in Mouse Cerebral Cortex.
M. Bellesi, et al.　The Journal of Neuroscience.2017 37,5263-5273.
（P49）中高生の推奨睡眠時間は8・5時間
Sleep Duration Associated with the Lowest Risk of Depression/Anxiety in Adolescents.
Ojio Y, et al. Sleep. 2016 Aug 1;39(8):1555-62.
https://www.u-tokyo.ac.jp/content/400043770.pdf
（P175）オンラインチャットをする女子高校生は、うつ病のリスクが1.7倍
The association of smartphone use and depression in Japanese adolescents.
Nishida T, et al. Psychiatry research. 2019 03;273;523-527.
（P175）女子の方がネット依存傾向が高い
「高校生のスマートフォン・アプリ利用とネット依存傾向に関する調査」（2014）
総務省情報通信政策研究所
（P180）スマホの長時間利用で、うつ病、不安リスクが上昇
Prevalence of problematic smartphone usage and associated mental health outcomes amongst children and young people: a systematic review, meta-analysis and GRADE of the evidence.
Sei Yon Sohn, et al. BMC Psychiatry 19: 356 (2019).
（P180）2時間以上のSNS、オンラインチャットの利用で、うつ病リスクが上昇
Association between Excessive Use of Mobile Phone and Insomnia and Depression among Japanese Adolescents.
Tamura H, et al. Int J Environ Res Public Health. 2017;14(7):701.
（P180）スマホ利用時間とうつ病、自殺率の関係
Increases in depressive symptoms, suicide-related outcomes, and suicide rates among U.S. adolescents after 2010 and links to increased new media screen time.
Twenge JM, et al. Clinical Psychological Science, 6(1), 3-17(2018).
（P252）インプットとアウトプットの黄金比率は7対3
Recitation as a factor in memorizing.
Arthur Irving Gates (1917).

staff
ブックデザイン：結城亨（*SelfScript*）
カバー写真：*iStock*
イラスト：たかしまてつを
図版：中村文
DTP：美創
Special Thanks：TAKURO（GLAY）

樺沢紫苑 *Zion Kabasawa*

精神科医、作家、映画評論家。1965年札幌市生まれ。札幌医科大学医学部卒。2004年から米国シカゴのイリノイ大学精神科に3年間留学。帰国後、樺沢心理学研究所を設立。「情報発信によるメンタル疾患の予防」をビジョンとし、YouTube（50万人）、メールマガジン（12万人）など累計100万フォロワーに情報発信をしている。著書50冊、累計発行部数250万部のベストセラー作家。23年『言語化の魔力　言葉にすれば「悩み」は消える』（小社）で「読者が選ぶビジネス書グランプリ2023　自己啓発部門賞」を受賞。シリーズ累計100万部突破の『アウトプット大全』（サンクチュアリ出版）をはじめ、『脳を最適化すれば能力は2倍になる　脳内物質で仕事の精度と速度を上げる方法』など話題書多数。

19歳までに手に入れる　7つの武器

2024年6月5日　第1刷発行

著者：樺沢紫苑
発行人：見城 徹
編集人：志儀保博
編集者：茅原秀行

発行所：株式会社 幻冬舎
〒151-0051 東京都渋谷区千駄ヶ谷4-9-7
電話：03（5411）6211（編集）
03（5411）6222（営業）
公式HP：https://www.gentosha.co.jp/

印刷・製本所：中央精版印刷株式会社

検印廃止

ISBN978-4-344-04265-0 C0030

この本に関するご意見・ご感想は、下記アンケートフォームからお寄せください。
https://www.gentosha.co.jp/e/